易學典籍選刊

周易通論校注

〔清〕李光地撰
梅軍校注

中華書局

圖書在版編目(CIP)數據

周易通論校注/(清)李光地撰;梅軍校注. —北京:中華書局,2022.3
(易學典籍選刊)
ISBN 978-7-101-15593-8

Ⅰ.周… Ⅱ.①李…②梅… Ⅲ.《周易》-研究
Ⅳ.B221.5

中國版本圖書館CIP數據核字(2022)第009791號

責任編輯:石 玉

易學典籍選刊
周易通論校注
〔清〕李光地 撰
梅 軍 校注
*
中 華 書 局 出 版 發 行
(北京市豐臺區太平橋西里38號 100073)
http://www.zhbc.com.cn
E-mail:zhbc@zhbc.com.cn
北京瑞古冠中印刷廠印刷
*
850×1168毫米 1/32 · 10印張 · 2插頁 · 200千字
2022年3月北京第1版 2022年3月北京第1次印刷
印數:1-3000冊 定價:36.00元

ISBN 978-7-101-15593-8

目録

前言

周易通論四卷，清李光地撰。關於李光地（一六四二—一七一八）的生平與著述，筆者已在周易觀象校箋（中華書局二〇二一年版）的前言作了介紹，兹不贅焉。

康熙五十一年（一七一二）夏四月，李光地完成周易通論，其時他七十一歲。李清植（李光地三子李鍾佐之子）記此事云：「公既依經釋義，爲觀象一書，其推本源流、根據圖象統論綱領指趣者，不欲雜附經中以溷正意，乃别釐爲此編。」[一]可知周易通論原是從周易觀象書中析出者，堪稱周易觀象的輔翼。

周易通論分爲四卷，約四萬五千字。此書篇幅雖然不大，卻是李光地晚年易學理論的集中展現。其中，卷一有十六條，卷二有二十條，卷三有二十六條，卷四有二十一條，合計八十三條。周易通論各卷條目的先後次序，經過了李光地的精心安排。四庫館臣指出：「是書綜論易

[一] 李清植文貞公年譜卷下「康熙五十一年夏四月」條，清道光九年（一八二九）李維迪刻榕村全書本。

理，各自爲篇。一卷、二卷乃發明上、下經大旨，三卷、四卷則發明繫辭、説卦、序卦、雜卦之義。冠以易本、易教二篇，次及卦、爻、彖、象、時、位，反覆辨説，詳盡無遺。」〔一〕對周易通論的内容作了較準確的概括。

在周易通論卷一「易本」條，李光地探討了周易源流問題。他遵循傳統的看法，認爲八卦之名爲伏羲所定，六十四卦之名爲文王所命，卦爻辭爲周公所定，「十翼」爲孔子所作。接着，李光地指出：

> 開嘗論易之源流，四聖之後，四賢之功爲不可掩。蓋自周子標「太極」之指，邵子定「兩儀」以下之次，而伏羲之意明。程子歸之於性命、道德之要，其學以尚辭爲先，而文、周之理得。朱子收而兼用之，又特揭卜筮以存易之本教，分别象占以盡易之變通，於是乎由孔聖以追羲、文，而易之道粲然備矣。
>
> 夫學欲博而不欲雜，衆言淆亂則折諸聖。易之爲書，立説者最多，其雜且亂甚矣夫！苟不折以列聖羣賢，而惟博之好，則易之賊也。

〔一〕見本書卷首欽定四庫全書周易通論提要。

「四聖」，謂伏羲、文王、周公、孔子。「四賢」，謂周敦頤、邵雍、程頤、朱熹。李光地特意表彰「四賢」的易學成就，爲後學者指明了研習周易的途徑。

周易通論卷一「易教」條云：

> 三代學校之教，詩、書、禮、樂四術而已。易掌於太卜，國史掌於史官，乃專官之學，未嘗施於學校也。……自秦政燔經，獨存卜筮、醫藥、種樹之書，而易幸不燬。則知其時猶未直目之經，學士先生猶未流行誦習，以故卜筮家專司而世守之。是則易之本教然也。
>
> 朱子深探其本，作本義一編，專歸卜筮。然而至今以爲訾謷，蓋恐狹易之用、小易之道，而使經爲伎術者流也。殊不知易之用，以卜筮而益周；易之道，以卜筮而益妙。
>
> 朱子之大有功於易，卜筮之説也。有得於此，然後可以言潔靜精微之要。

李光地贊同朱子提出的「易爲卜筮而作」這一觀點。李光地晚年的易學著作，如周易通論、周易觀象，以及奉旨編纂的周易折中，皆以此爲理論基礎。

這裏需要指出的是，周易通論體現的李光地晚年的易學思想，與周易觀象相吻合，而與周易折中所傳達的易學觀念有一些差異。周易通論、周易觀象對周易文本的編排處理方式與周易折中截然不同，即可見其端倪。

周易折中凡例云：

易經二篇、傳十篇，在古元不相混。費直、王弼乃以傳附經，而程子從之。至呂大防、晁説之、呂祖謙諸儒，以爲應復其舊。朱子本義所據者，祖謙本也。明初，程傳、朱義並用，而以世次先程後朱，故修大全書，破析本義，以從程傳之序。今案：易學當以朱子爲主，故列本義於先，而經、傳次第，則亦悉依本義原本。庶學者由是以復見古經，不至習近而忘本也。

而周易通論卷一「論經傳次序仍王本」條云：

朱子既復經、傳次序，今不遵之而從王弼舊本，何也？曰：朱子之復古經、傳也，慮四聖之書之混而爲一也。今之仍舊本也，慮四聖之意之離而爲二也。蓋後世之注經也，文義訓詁而已，而又未必其得。故善讀經者，且涵泳乎經文，使之浹洽，然後參以注解，未失也。若四聖之書，先後如一人之所爲，互發相備，必合之而後識化工之神，則未可以離異觀也。

周易折中是奉旨官修之書，遵循朱熹周易本義使用的經、傳分離的編排方式，不可違逆康熙的易學觀念。周易通論、周易觀象堅持使用以傳附經的編排方式，貫徹的是李光地自己的易學思想。學者或以周易觀象成書在周易折中之前，對周易文本的編排處理卻截然不同，遂謂李光地治易思想前後遊移，甚或逕以周易折中視爲李光地易學思想的總結。這種説法是不準確的。周易通論在闡述易理時，具有很自覺的「正名」意識。對易學中的一些相近或相似的概念，李光地皆能條分縷析，進行深入推究。他曾指出：

凡著書，須大主意定。若只在字句上著脚，無用。某初治易，有了幾年工夫，逐爻看想，覺得三百八十四爻都不相粘。後將每卦鍊作一篇文字，然後逐字逐句順將去，其初以爲一二處不明白且混將去，那知此一二點黑處正是緊要處，有一字一句作梗，便是大主意不確。到得無一字不順，就是虚字都應聲合響，纔印證得大主意不錯，則逐字逐句又大有力也。立大主意與逐字句求解，蓋相爲表裏。〔一〕

如周易通論卷一「論卦爻占辭」條對「元亨」、「大亨」、「元吉」、「大吉」的區分，以及「利」、「用」、「不利」、「勿用」的區分，李光地皆能聯繫具體辭例辨析其間的差異，於細微處見其易學功底之深厚。

關於周易通論的學術成績，四庫館臣認爲：「雖其言專主義理而略象數，未免沿襲宋儒流派，尚未能求之漢學以參伍而折衷之，然平正通達，不爲艱深奥渺之談，於四聖之精微，實

〔一〕李光地榕村語録卷九，景印文淵閣四庫全書本，臺灣商務印書館，一九八六年。

能確有所見。其論復、无妄、離、中孚四卦爲聖賢之心學，尤發前人所未發。」〔一〕這個評價是公允的。

周易通論原是從周易觀象中析出者，凝聚了李光地治易五十餘年的心得，是他作爲清初易學大師的理論總結之作。就研究李光地晚年的易學思想而言，周易通論、周易觀象皆有重要的學術價值，不可偏廢。就這兩部書的閲讀順序而言，李光地本人有如下建議：

周易通論自然置在正解之後，然欲讀易者，却當先看此編，内有須先知道方好讀易的説話。〔二〕

這番出自肺腑的總結話語，對於當下治易者來説，仍具有指導作用。

周易通論校注對周易通論進行全面整理，希望能爲研讀周易通論提供一些便利。限於學力，本書或尚有錯誤，懇請讀者諸君批評指正。

辛丑孟夏，江夏梅軍撰

〔一〕見本書卷首欽定四庫全書周易通論提要。
〔二〕李光地榕村語録卷九，景印文淵閣四庫全書本，臺灣商務印書館，一九八六年。

凡例

一、本書以臺灣商務印書館一九八六年景印文淵閣四庫全書本周易通論四卷爲底本（簡稱「四庫本」），以清道光九年李維迪刻榕村全書本周易通論四卷（簡稱「榕村本」）、福建人民出版社二〇一三年整理本榕村全書之周易通論四卷（陳祖武點校，簡稱「陳本」）爲參校本。

二、底本載録周易的經、傳文字，使用中華書局一九八〇年影印阮元校刻十三經注疏本周易正義（簡稱「注疏本」）進行對勘。經、傳文字的標點，皆按李光地之意酌定。

三、前輩學者以六十四卦名示卦爻變及體象，故於六畫之卦名各標書名號，以便閲讀。三畫之卦名僅八，容易識別，故不標書名號。各卦之卦題、爻題皆不標書名號。

四、底本的避諱字逕改回本字。底本的異體字盡量統一，少數異體字酌情保留。此類若有改動，一般不出校記，避免煩瑣。

五、底本使用的段落標誌「〇」仍予保留。底本或有脱落「〇」者，則據榕村本補足，不出校記。

底本或有行文頗長者，酌情再劃分段落。

六、底本卷首載録欽定四庫全書周易通論提要一篇，仍予保留。

七、底本所引用文獻，逐一檢覈原書，並注明出處。

八、梅軍所作校注，皆標注序號繫於相應文段之後，以便閲讀。引用前輩學者著述，或全引，或節引，一般在文末注明「某書某卷」；若係轉引者，則注明「見某書某卷」，以便檢索。

九、校注引王弼周易注，採用注疏本；引程頤伊川易傳，採用國家圖書館藏元刻本；引朱熹周易本義，採用宋咸淳元年九江吴革刻十二卷本；引李光地周易折中，採用清康熙五十四年武英殿刻本。

十、附録參考文獻，乃作校注時直接使用的文獻，無關者皆不録入。

欽定四庫全書周易通論提要

臣等謹案：

周易通論四卷，國朝李光地撰。光地字厚菴，安溪人，康熙庚戌進士，官至大學士，謚文貞。是書綜論易理，各自爲篇。一卷、二卷乃發明上、下經大旨，三卷、四卷則發明繫辭、説卦、序卦、雜卦之義。冠以易本、易教二篇，次及卦、爻、象、彖、時、位，反覆辨説，詳盡無遺。

光地於易學最爲深邃。得其傳者，如楊名時等，諸人各有著述，皆以光地爲宗，而終不及其師之純粹。雖其言專主義理而略象數，未免沿襲宋儒流派，尚未能求之漢學以參伍而折衷之，然平正通達，不爲艱深奥渺之談，於四聖之精微，實能確有所見。其論復、无妄、離、中孚四卦爲聖賢之心學，尤發前人所未發。而「鬼神之情狀」、「繼善成性」之説，亦與中庸、論語相爲表裏，正非村塾講章剽竊庸腐之家所可得而擬議矣。

乾隆四十六年十月恭校上。

總纂官臣紀昀、臣陸錫熊、臣孫士毅

總校官臣陸費墀

周易通論卷一

大學士李光地撰

1.1

易本

易之興也最古，其源流不可悉知。三易之名及畫卦、重卦、名卦之人，諸儒之論亦復不一。〔一〕約之，則三易之說可通者有二：一曰夏連山，殷歸藏，周周易也；一曰連山炎帝，歸藏黃帝，周易文王也。畫卦、重卦、名卦之人，則有三說：一曰伏羲畫八卦，因自重之而自名之也；一曰伏羲畫八卦，至文王乃重而名之也；一曰伏羲畫八卦而重之，文王始名之也。

〔一〕周禮春官太卜職云：「太卜掌三易之法：一曰連山，二曰歸藏，三曰周易。」鄭玄注云：「易者，揲蓍變易之數，可占者也。名曰連山，似山出內氣變也。歸藏者，萬物莫不歸而藏於其中。杜子春云：『連山，宓戲。歸藏，黃帝。』」（見周禮正義卷二十四）李光地云：「鄭康成易贊及易論云：『夏曰連山，殷曰歸藏，周曰周易。』鄭康成又釋云：『連山者，象山之出雲，連連不絕；歸藏者，萬物莫不歸藏於其中；周易者，言易道周

普，無所不備。』康成雖有此釋，更無所據之文。先儒因此遂爲文質之義，皆繁而無用，今所不取。」（周易折中卷首綱領一）

今按：以三易爲夏、殷、周者，據記有「夏時」、「坤乾」之文也。〔二〕謂爲炎帝、黄帝、文王者，連山，炎帝之號；歸藏，黄帝之號；而周，文王之國號也。〔三〕鄭康成斷從後説，今姑沿之可也。〔三〕周禮云：「三易之經卦皆八，其别皆六十有四。」〔四〕則非文王始重卦可知。

〔二〕「記」，謂禮記也。禮記禮運云：「言偃問曰：『夫子之極言禮也，可得而聞與？』孔子曰：『我欲觀夏道，是故之杞，而不足徵也，吾得夏時焉；我欲觀殷道，是故之宋，而不足徵也，吾得坤乾焉。坤乾之義、夏時之等，吾以是觀之。』」鄭玄注云：「得夏四時之書也，其書存者有小正。得殷陰陽之書也，其書存者有歸藏。」孔穎達疏云：「吾得殷之坤乾之書，謂得殷家陰陽之書也。其殷之坤乾之書，並夏四時之書，吾以二書觀之。」（禮記正義卷二十一）黄震云：「杞，夏後；宋，殷後。夏時，夏四時書名。坤乾，殷陰陽書名，以坤爲首。周官『太卜掌三易，二曰歸藏』者，指此。先坤後乾，有『交泰』之義。○夏時、坤乾二書皆不行於世，所當闕疑，而以今夏正建寅與周易乾坤爲正耳。（用

馬氏補）」（黃氏日抄卷十八讀禮記五）

〔二〕李光地云：「案世譜等羣書，神農一曰連山氏，亦曰列山氏；黃帝一曰歸藏氏。既『連山』、『歸藏』並是代號，則周易稱『周』，取岐陽地名，毛詩云『周原膴膴』是也。又，文王作易之時，正在羑里，周德未興，猶是殷世也，故題『周』別於殷。以此文王所演，故謂之『周易』，猶周書、周禮題『周』以別餘代也。」（周易折中卷首綱領一）案：李氏引「周原膴膴」，毛詩大雅緜文。

〔三〕「姑」原作「始」，陳本同，形近而譌，今據榕村本改。「姑」，且也。

〔四〕周禮春官太卜職云：「太卜掌三易之法，其經卦皆八，其別皆六十有四。」鄭玄注云：「三易卦別之數亦同，其名、占異也。每卦八，別者，重之數。」（見周禮正義卷二十四）

然伏羲雖已重卦，名則未備，蓋其時僅有八卦之名而已。故繫辭傳曰：「其稱名也，雜而不越。於稽其類，其衰世之意耶？」〔一〕言卦之稱名，錯雜事物，周於人用，以其類考之，非中古以後更歷世變者不能及也。況「履虎尾」、「否之匪人」、「同人于野」、「艮其背」、「中孚豚魚」之類，〔二〕皆辭與名連爲義，則是一手所繫，非仍舊名而增加之也。

〔一〕李光地云：「『稱名』者，卦名也。伏羲之時，八卦有名而已。六十四卦之名，則至文王始具。夫子以其稱名雜而多端，要不越乎事理之外。蓋緣世變風移，情僞日滋，非是不足以周盡之，故考其類而知其爲衰世之意。此以卦之名言也。」（周易觀象卷十一繫辭下傳）

〔二〕「履虎尾」，周易履卦辭。「否之匪人」，否卦辭。「同人于野」，同人卦辭。「艮其背」，艮卦辭。「中孚豚魚」，中孚卦辭。李光地云：「『履虎尾』、『否之匪人』、『同人于野』、『艮其背』，皆因卦名而連以辭者，省文也。」（周易觀象卷三上經三履）

朱子於乾卦下本義云「三奇之卦，名之曰乾」，〔一〕是以八卦之名爲伏羲所命；至屯卦下則無説，而於繫傳稱名，則以爲卦名也，是以六十四卦之名爲文王所命也。於理近是，今亦從之。

〔一〕文見朱熹周易本義卷一上經第一乾。

○象辭、爻辭何人所繫？夫子未嘗分別。先儒直以「箕子明夷」、「王享岐山」之類事出文王之後，〔一〕斷爻辭爲周公所作。然考夫子贊易，如所謂「易之序也」、「爻之辭也」，〔二〕「是故謂之象」、「是故謂之爻」，〔三〕每以爻與象對，而反不及彖，似爻之起亦非在彖後者。

〔一〕周易明夷六五爻辭云：「箕子之明夷，利貞。」升六四爻辭云：「王用亨于岐山，吉，无咎。」

〔二〕周易繫辭上傳云：「君子所居而安者，易之序也；所樂而玩者，爻之辭也。」

〔三〕「是故謂之象」、「是故謂之爻」，周易繫辭上傳文。

意者，繫爻固文王之意，而周公成之與？惟曰「彖者，言乎象者也。爻者，言乎變者也」，〔一〕「彖者，材也。爻者，效天下之動者也」，〔二〕「智者觀其彖辭，則思過半矣」，〔三〕分別卦、爻辭先後，其理甚明。先儒之説，可循用也。

〔一〕「彖者」至「變者也」，周易繫辭上傳文。李光地云：「『象』者，變之統會。『變』者，象之支分。彖辭總言一卦之象，爻辭析言六位之變。」（周易觀象卷十繫辭上傳）

〔二〕「彖者」至「動者也」，周易繫辭下傳文。李光地云：「以卦、爻辭言也。彖辭爲一卦之質幹，爻辭效人事之羣動。」（周易觀象卷十一繫辭下傳）

〔三〕「智者」至「半矣」，周易繫辭下傳文。「智」，繫辭下傳作「知」。李光地云：「知者觀其彖辭，則爻義已過半。蓋彖辭所取，或有直用其爻義者，或有通時宜而爻義吉凶準以爲決者。故以是觀之，不中不遠。惟其合始終以爲質，故時物不能外也。」（同上）又云：「彖辭之繫，文王蓋統觀六爻以立義者，如屯則以初爲侯，蒙則以二爲師，師則以二爲將，比則以五爲君，其義皆先定於彖，爻辭不過因之而隨爻細别耳。其爻之合於卦義者吉，不合於卦義者凶，故彖辭爲綱領而爻其目也，彖辭爲權衡而爻其物也。總之於綱，則目之先後可知；審之於權衡，則物之輕重可見。夫子彖傳既參錯六爻之義以釋辭，示人卦、爻之不相離矣，於此又特指其要而切言之，讀易之法莫先於此。」（周易折中卷十五繫辭下傳）

○夫子贊易曰「十翼」者，彖上傳、彖下傳、象上傳、象下傳、乾坤文言、繫辭上傳、繫辭下傳、説卦、序卦、雜卦也。〔一〕所謂「象傳」者，兼二體，大象及六爻之小象也。

〔一〕孔穎達云：「彖、象等『十翼』之辭，以爲孔子所作，先儒更无異論。但數『十翼』亦有多家。既文王易經本分爲上、下二篇，則區域各别，彖、象釋卦，亦當隨經而分。故一家數十翼云：『上彖一，下彖二，上象三，下象四，上繫五，下繫六，文言七，説卦八，序卦九，雜卦十。』鄭學之徒並同此説，故今亦依之。」（周易正義卷首）

按：漢書本爲經二卷、傳十卷，〔一〕經、傳離異，不相附屬。自費直始以彖、象傳綴於每卦經後，如乾、坤之例。〔二〕王弼又自坤卦以下，以彖傳、大象傳附彖，小象傳附爻，則今現行之易是也。

〔一〕漢書卷三十藝文志云：「易經十二篇，施、孟、梁丘三家。」顏師古注云：「上、下經及十翼，故十二篇。」

〔二〕陸德明云：「費直傳易，授琅邪王璜，爲費氏學，本以古字，號古文易，無章句，徒以彖、象、繫辭、文言解説上、下經。漢成帝時，劉向典校書，考易説，以爲諸易家説皆祖田何、楊叔元、丁將軍，大義略同，唯京氏爲異。向又以中古文易經校施、孟、梁丘三家之易經，或脱去『無咎』、『悔亡』，唯費氏經與古文同。范氏後漢書云：『京兆陳元、扶風馬融、河南鄭衆、北海鄭康成、潁川荀爽並傳費氏易。』」（經典釋文卷一序録）晁説之云：「先儒謂費直專以彖、象、文言參解易爻。以彖、象、文言雜入卦中者，自費氏始。」（嵩山文集卷十八後記題古周易後）

朱子及東萊呂氏復古經、傳之舊。〔三〕本義之作實據漢書，故凡「彖曰」、「象曰」、「文言曰」之類爲王弼所加者，悉已刪去；而別有卷首標題，即「彖傳」、「象傳」、「文言傳」等目。其「彖傳」題下則注云：「『彖』，即文王所繫之辭。『傳』

者，夫子釋經之辭也。」〔二〕「象傳」題下則注云：「『象』者，卦之上、下兩象及兩象之六爻，周公所繫之辭也。」〔三〕十二卷古易，於是乎各得其所矣。

〔一〕朱熹云：「古文周易經、傳十二篇，東萊吕祖謙伯恭父之所定；而音訓一篇，則其門人金華王莘叟之所筆受也。」（晦庵集卷八十二跋書臨漳所刊四經後）吕祖謙云：「費氏易在漢諸家中最近古，最見排擯。自康成、輔嗣合彖、象、文言於經，學者遂不見古本。近世嵩山晁氏編古周易，將以復於其舊，而其刊補離合之際，覽者或以爲未安。祖謙謹因晁氏書，參考傳記，復定爲十二篇，篇目、卷帙一以古爲斷。」（東萊集卷七題跋書所定古周易十二篇後）案：吕氏云「嵩山晁氏」，謂晁説之也。

〔二〕見朱熹周易本義卷三彖上傳第一。「夫子」，本義作「孔子」。

〔三〕見朱熹周易本義卷五象上傳第三。

明初，律令兼用程、朱傳、義。〔一〕及永樂中，修大全書，〔二〕離析本義以從程傳之序，故後雖本義孤行，而其序遂不復。學者讀乾卦彖、象傳標題下注，茫然不省所指，故有以大象爲周公作者，誤由茲起也。爲宜別刻本義原本，以悟初學。

〔一〕「程、朱傳、義」，謂程頤易傳、朱熹周易本義也。

〔一〕「大全」，謂周易大全，胡廣等於永樂十二年十一月奉敕修纂，次年九月書成。

○本義卷首諸圖，〔二〕朱子所作也。秦漢以來，伏羲畫卦根本次第無言及者。邵康節「先天之學」源出希夷，程子不信，〔三〕而朱子始表章之，此諸圖所由作也。然惟八卦方位圓圖及六十四卦圓圖、方圖爲邵氏之舊；其首之以横圖，則朱子用邵子之意而摹畫以示人者，見於答袁機仲諸書可見也。〔四〕

〔二〕「諸圖」，謂伏羲四圖，即伏羲八卦次序圖（横圖）、伏羲八卦方位圖（圓圖）、伏羲六十四卦次序圖（方圖）、伏羲六十四卦方位圖（圓圖）也，見朱熹周易本義卷首易圖。

〔三〕陳摶字圖南，賜號希夷先生。邵雍字堯夫，謚康節。程頤邵堯夫先生墓誌銘云：「先生之學得之於李挺之，挺之得之於穆伯長，推其源流，遠有端緒。今穆、李之言及其行事，概可見矣。而先生淳一不雜，汪洋浩大，乃其所自得者多矣。」（二程文集卷四明道文集四墓誌銘）

〔三〕朱熹云：「伏羲四圖，其説皆出邵氏，蓋邵氏得之李之才挺之，挺之得之穆修伯長，伯長得之華山希夷先生陳摶圖南者，所謂『先天之學』也。」（周易本義卷首易圖）又云：

「先天圖非某之説，乃康節之説；非康節之説，乃希夷之説；非希夷之説，乃孔子之説。但當日諸儒既失其傳，而方外之流陰相付受，以爲丹竈之術。至於希夷、康節，乃反之於易，而後其説始得復明於世。」（晦庵集卷三十八書答袁機仲之三）

〔四〕見朱熹晦庵集卷三十八書答袁機仲。

閒嘗論易之源流，四聖之後，〔二〕四賢之功爲不可掩。〔三〕蓋自周子標「太極」之指，邵子定「兩儀」以下之次，而伏羲之意明。程子歸之於性命、道德之要，其學以尚辭爲先，而文、周之理得。朱子收而兼用之，又特揭卜筮以存易之本教，分別象占以盡易之變通，於是乎由孔聖以追羲、文，而易之道粲然備矣。

〔二〕「四聖」，謂伏羲、文王、周公、孔子也。陸德明云：「宓犧氏之王天下，仰則觀於天文，俯則察於地理，觀鳥獸之文與地之宜，近取諸身，遠取諸物，始畫八卦，因而重之，爲六十四。文王拘於羑里，作卦辭。周公作爻辭。孔子作彖辭、象辭、文言、繫辭、説卦、序卦、雜卦十翼。」（經典釋文卷一序録）

〔三〕「四賢」，謂周敦頤、邵雍、程頤、朱熹也。

自漢以還，非無傳者。然揚雄以「玄」爲宗，則純乎老氏矣。其與周子「太極」，可若是班乎？其法以三三起，雖與易卦相近，而非自然之理；八十一首之序，猶仍卦氣之謬也。〔二〕其與邵氏「先天」之法，亦未可同日語。

〔二〕朱熹云：「易卦之位，震東、離南、兑西、坎北者爲一説，十二辟卦分屬十二辰者爲一説。及焦延壽爲卦氣直日之法，乃合二説而一之。既以八卦之震、離、兑、坎二十四爻直四時，又以十二辟卦直十二月，且爲分四十八卦爲之公侯卿大夫，而六日七分之説生焉。若以八卦爲主，則十二卦之乾不當爲巳之辟，坤不當爲亥之辟，艮不當侯於申、酉，巽不當侯於戌、亥。若以十二卦爲主，則八卦之乾不當在西北，坤不當在西南，艮不當在東北，巽不當在東南。彼此二説，互爲矛盾。且其分四十八卦爲公侯卿大夫，以附於十二辟卦，初無法象而直以意言，本已無所據矣，不待論其減去四卦二十四爻而後可以見其失也。揚雄太玄次第，乃是全用焦法。其八十一首，蓋亦去其震、離、兑、坎者，而但擬其六十卦耳。諸家於八十一首，多有作擬震、離、兑、坎者。近世許翰始正其誤。」（晦庵集卷三十八書答程泰之）

王弼生於魏晉，祖尚玄虚，即復之一卦，而宗指與程傳迥别。蓋王氏所謂「復」者，虚靜之室；程傳所謂「復」者，仁義之心。其餘義準是矣。

然當朱子時，「太極」抑於陸子兄弟，〔一〕「先天」毀於袁樞、林栗，程學訾者亦衆。苟非朱子一一極辯，則三家之學且熄，而卜筮、象占之説，又所以佐三家之未逮也。自時厥後，好議論者猶將反之。故黄震攻康節之圖，王禕申河、洛之辯，羅欽順滅太極之書。至於以卜筮爲朱子詬厲者，又紛然而未已。

〔一〕「陸子兄弟」，謂陸九齡、陸九淵也。「子」，榕村本、陳本作「氏」。

夫學欲博而不欲雜，衆言淆亂則折諸聖。易之爲書，立説者最多，其雜且亂甚矣夫！苟不折以列聖羣賢，而惟博之好，則易之賊也。航於斷港絶潢，〔二〕而望至於海，不亦難乎？

〔二〕説文水部云：「潢，積水池也。」段玉裁注云：「左傳『潢污行潦之水』，服虔曰：『畜小水謂之潢。水不流謂之污。行潦，道路之水。』」（説文解字注十一篇上）

1.2 易教

三代學校之教，詩、書、禮、樂四術而已。易掌於太卜，國史掌於史官，乃專官之學，未嘗施於學校也。故韓宣子至魯，乃見易象、春秋。〔一〕則知詩、書、禮、樂列國有傳，而二書者獨閟，〔三〕自夫子贊修之後，稍見於世矣。故記禮者名爲「六經」，而莊周之徒頗知其意者，亦往往並述焉。然自秦政燔經，獨存卜筮、醫藥、種樹之書，而易幸不燬。則知其時猶未直目之經，學士先生猶未流行誦習，以故卜筮家專司而世守之。是則易之本教然也。

〔一〕事見昭二年左傳。杜預注云：「易象，上、下經之象辭。魯春秋，史記之策書。易象、春秋，文王、周公之制。當此時，儒道廢，諸國多闕，唯魯備，故宣子適魯而説之。」（見春秋左傳正義卷四十二）

〔三〕「閟」，閉也。説文門部云：「閟，閉門也。」段玉裁注云：「引申爲凡『閉』之偁。」（説文解字注十二篇上）

漢人雖稱「六藝」，然田何、施、孟、梁丘之學皆不傳，〔三〕不知其説云何。焦贑、京房衍爲生尅休咎之占，〔三〕其敝以星日氣候推配，雖曰流蕩，然可知卜筮之教展轉相沿，久則難變也。揚雄作玄儗易，雖襲京、焦之緒，而頗推道德、性命之指。至王弼，始純以理言易，而後之談經者宗焉。

〔一〕陸德明云：「漢興，田何以齊田徙杜陵，號杜田生，授東武王同子中及洛陽周王孫、梁人丁寬、齊服生，皆著易傳。漢初言易者，本之田生。同授緇川楊何，寬授同郡碭田王孫，王孫授施讎及孟喜、梁丘賀，由是有施、孟、梁丘之學焉。」（經典釋文卷一序録）

〔二〕陸德明云：「京房受易梁人焦延壽。延壽云：『嘗從孟喜問易。』會喜死，房以延壽易即孟氏學。翟牧、白生不肯，曰：『非也！』房爲易章句，説長於災異，以授東海段嘉及河東姚平、河南乘弘，皆爲郎、博士，由是前漢多京氏學。」（經典釋文卷一序録）

是書著述，莫盛於宋。惟邵康節之學有傳，而猶以象數見譏。其餘儒者所得，有淺有深，然大要承輔嗣之意，皆以易爲言理之書而已。夫孔子嘗言易矣，曰「和順於道德而理於義，窮理盡性以至於命」，〔一〕則謂易言理是也。然本畫卦、繫辭之初，則主於卜筮以明民，非如他書直闡其理、直述其事者也。

〔一〕「和順」至「於命」，周易説卦傳文。李光地云：「『道』者，天之道，即命之常也。『德』者，人之德，即性之真也。『義』者，事之宜，即理之用也。立卦則本天以該人，故『和順於道德而理於義』；繫辭則言人而合天，故『窮理盡性以至於命』。」（周易觀象卷十二説卦傳）

朱子深探其本，作本義一編，專歸卜筮。〔一〕然而至今以爲訾謷，蓋恐狹易之用，小易之道，而使經爲伎術者流也。殊不知易之用，以卜筮而益周；易之道，以卜筮而益妙。而凡經之象數、辭義，皆以卜筮觀之而後可通，初非小技末術之比也。

〔一〕朱熹云：「易只是爲卜筮而作，故周禮分明言太卜掌三易：連山、歸藏、周易。古人於卜筮之官，立之凡數人。秦去古未遠，故周易亦以卜筮得不焚。今人説易是卜筮之書，便以爲辱累了易；見夫子説許多道理，便以爲易只是説道理，殊不知其言『吉、凶、悔、吝』皆有理，而其教人之意無不在也。」（見朱子語録卷一百五）

今曰：作易者言理以教人爾，則施於學士而阻於愚氓，其用不周矣；偏言一理而不足以該於無窮，其道不妙矣。卦象之汎取，〔一〕蓍數之旁通，其於理也，雜而不切矣。大有「元亨」，初六「无咎」，其於理也，略而難明矣。避其爲小伎末術，〔二〕而反入於枝離晦昧之歸，乃不虞其重爲易病也乎？是故朱子之大有功於易，卜筮之説也。有得於此，然後可以言潔靜精微之要。而凡散殊、清通，〔三〕無所推而不達；道德、性命，亦無所求而不得矣。

〔一〕「汎」，與「泛」同。

〔二〕「伎」，榕村本、陳本作「技」，字通。

〔三〕「散殊」，布散殊别也。「清通」，清明通達也。

1.3　論經傳次序仍王本

朱子既復經、傳次序，今不遵之而從王弼舊本，何也？

曰：朱子之復古經、傳也，慮四聖之書之混而爲一也。〔一〕今之仍舊本也，慮四聖之意之離而爲二也。蓋後世之注經也，文義訓詁而已，而又未必其得。故善讀經者，且涵泳乎經文，使之浹洽，然後參以注解，未失也。若四聖之書，先後如一人之所爲，互發相備，必合之而後識化工之神，則未可以離異觀也。

〔一〕「四聖」，謂伏羲、文王、周公、孔子也。參本卷第一條。

故以文、周象、爻言之：〔一〕象於坤言「牝馬」，〔二〕可謂盡坤之情矣；乾未有象也，六爻則於乾言「龍」，以盡乾之道。坤象言君子「牝馬之貞」，有「東北」、「西南」，〔三〕以應地之方也；乾爻則言聖人之「龍德」，有「潛、見、飛、躍」，〔四〕以應天之時。此則彖、爻之自相補備者也。

〔一〕「彖」，謂卦辭也。「爻」，謂爻辭也。

〔二〕周易坤卦辭云：「利牝馬之貞。」

〔三〕周易坤卦辭云：「利西南得朋，東北喪朋。」

〔四〕周易乾初九爻辭云：「潛龍勿用。」九二爻辭云：「見龍在田。」九四爻辭云：「或躍在淵。」九五爻辭云：「飛龍在天。」

以夫子之傳言之：乾彖曰「元亨，利貞」，〔一〕未有「四時」之義也；彖傳釋之而曰「資始」、「流形」，曰「各正」、「保合」，〔二〕則知「四德」之即「四時」矣。坤彖曰「西南」、「東北」，〔三〕未有「四德」之義也；文言釋之，於「西南」曰「含物」、「化光」，於「東北」曰「順天」、「時行」，〔四〕則知「四方」之即「四德」矣。乾爻之總辭曰「見羣龍无首」，〔五〕著乾之居首而不爲首也；象傳則於坤曰「以大終」，〔六〕著坤之居終而不爲終焉。坤爻之總辭曰「用六『永貞』」，〔七〕明「用六」之義所重在「貞」也；象傳則於乾曰「乾元」、「用九」，〔八〕明「用九」之義所重在「元」也。〔九〕此又經、傳之相爲補備者，所謂先後如一人之所爲也。

〔一〕「彖」，李光地意謂卦辭也，後皆倣此。「元亨，利貞」，周易乾卦辭。

〔二〕「彖傳」，李光地意謂彖辭也，後皆倣此。周易乾彖辭云：「大哉乾元，萬物資始，乃統天。雲行雨施，品物流形。」又云：「乾道變化，各正性命，保合太和，乃利貞。」

〔三〕周易坤卦辭云：「利西南得朋，東北喪朋。」

〔四〕周易坤文言云：「後得主而有常，含萬物而化光。坤道其順乎承天而時行。」

〔五〕周易乾用九云：「見羣龍无首，吉。」

〔六〕周易坤用六象辭云：「用六『永貞』，以大終也。」李光地云：「『貞』，終也，而承天終始，則是以大終也，即『用六』之義也。『以大終』，則坤道无終，亦如乾之无首矣。」（周易觀彖卷一上經一坤）

〔七〕周易坤用六云：「利永貞。」李光地云：「『永貞』與『安貞』之義同，然惟『安』故『永』。『永』者，『安』之有終者也。」（同上）

〔八〕周易乾文言云：「『乾元』、『用九』，天下治也。」李光地云：「『用九』之上加以『乾元』者，『元』，首也。然『元』統天而歸於『貞』，則終始无端而不可爲首，即『用九』之義也。聖人所以首出庶物、無爲而治者，此爾。」（周易觀彖卷一上經一乾）

〔九〕「也」，榕村本、陳本作「焉」。

若乃屯、蒙以下諸卦，則皆有不可相離者。蓋如彖言「建侯」，爻亦曰「建侯」，〔一〕則知「侯」之爲初矣；彖言「童蒙」，爻亦言「童蒙」，〔二〕則知「童」之爲五矣。此彖、爻之互相發明者也。

〔一〕周易屯卦辭云：「勿用有攸往，利建侯。」屯初九爻辭云：「盤桓，利居貞，利建侯。」

〔二〕周易蒙卦辭云：「匪我求童蒙，童蒙求我。」蒙六五爻辭云：「童蒙，吉。」

然如訟之彖曰「利見大人」，爻曰「訟，元吉」，〔一〕其意未明也；〔二〕彖傳曰「尚中正」，〔三〕則知「大人」之爲五矣。師之彖曰「丈人，吉」，爻曰「在師中」，〔四〕其意未明也；彖傳曰「剛中而應」，〔五〕則知「丈人」之爲二矣。

〔一〕周易訟卦辭云：「利見大人，不利涉大川。」訟九五爻辭云：「訟，元吉。」李光地云：「九五，彖所謂『大人』也，有大人之德，故未訟則感之而化，已訟則就之而直。遇此爻而有訟事者，當『元吉』也。」（周易觀彖卷二上經二訟）

〔二〕「未」原作「方」，今據榕村本、陳本改。

〔三〕周易訟彖辭云：「『利見大人』，尚中正也。」

〔四〕周易師卦辭云：「貞，丈人，吉无咎。」師九二爻辭云：「在師中，吉无咎，王三錫命。」

〔五〕周易師彖辭云：「『剛中而應，行險而順。』朱熹云：「『剛中』，謂九二。『應』，謂六五應之。『行險』，謂行危道。『順』，謂順人心。此非有老成之德者不能也。」（周易本義卷三彖上傳第三）李光地云：「『剛中而應』，有丈人得君之象；『行險而順』，有丈人行師之道。任用老成，師之要也。」（周易觀彖卷二上經二師）

又如晉之「康侯」，〔一〕而九四不足以當之，則未知其所指也；彖傳曰「柔進而上行」，則知卦之「康侯」不在四而在五矣。〔二〕困之「大人」，〔三〕亦未知其所指也；象傳曰「以剛中也」，〔四〕則知卦之「大人」不在陰而在陽矣。

〔一〕周易晉卦辭云：「康侯用錫馬蕃庶，晝日三接。」朱熹云：「『晉』，進也。『康侯』，安國之侯也。『錫馬蕃庶，晝日三接』，言多受大賜，而被親禮也。蓋其爲卦，上離下坤，有『日出地上』之象、『順而麗乎大明』之德。又其變自觀而來，爲六四之柔，進而上行，以至於五。占者有是三者，則亦當有是寵也。」（周易本義卷二下經第二）李光地云：「易有晉、升、漸三卦，皆同爲『進』義而有别。晉如日之方出，其義最優；升如木之方生，其義次之；漸如木之既生，而以漸高大，其義又次之。觀其彖辭，皆可見矣。」（周易折中卷五下經晉）

〔二〕李光地云：「彖辭有『康侯』之象，卦惟九四一陽，進而近君，其義當之矣。然爻辭

『凶』、『厲』，則知所取在五而不在四。『柔進上行』，所以發明卦意而起爻義也。」（周易觀彖卷六下經一晉）

〔三〕周易困卦辭云：「貞大人吉，无咎。」

〔四〕周易困彖辭云：「『貞大人吉』，以剛中也。」李光地云：「『剛中』，謂二、五。」（周易觀彖卷七下經二困）

蓋上以釋文王名辭之意，而下以得周公繫辭之心，故彖傳爲卦、爻之樞要。至於大象，則卦之命名所取爲多，故夫子特表而出之。凡彖傳釋名，有兼取數義者，有直釋名、辭者。其兼取數義者，命名之意廣有所取也；其直釋名、辭者，命名之意專在大象也。「易者，象也；象也者，像也」，〔一〕此大象所以尤爲一卦之要也。小象之傳，辭則簡矣，而義至精。或推言爻之德位，〔二〕而本之於時；〔三〕或旁及爻之與應，而參之以比；〔四〕或廣其言外之意，而言中之指愈明；或略其言中之詞，而所言之理愈備。後之賢者重言累釋而不能盡，聖人輒以單辭括之。此皆經、傳之相爲發明者，學者當作一意求之，則其文宜相附近。此今日仍王氏舊本之意也。

〔二〕「易者」至「像也」，周易繫辭下傳文。

〔三〕李光地云：「剛、柔中正、不中正之謂『德』。剛、柔各有善、不善。時當用剛，則以剛爲善也；時當用柔，則以柔爲善也。惟中與正，則無有不善者。然正尤不如中之善，故程子曰『正未必中，中則無不正』也。六爻當位者未必皆吉，而二、五之中則占者獨多，以此故爾。」又云：「貴賤、上下之謂『位』。王弼謂『中四爻有位，而初、上兩爻無位』，非謂『無陰陽之位』也，乃謂『爵位』之『位』耳。五，君位也。四，近臣之位也。三雖非近，而位亦尊者也。二雖不如三、四之尊，而與五爲正應者也。此四爻皆當時用事，故謂之『有位』。初、上則但以時之始終論者爲多，若以位論之，則初爲始進而未當事之人，上爲既退而在事外之人也，故謂之『無位』。然此但言其正例耳。若論變例，則如屯、泰、復、臨之初，大有、觀、大畜、頤之上，皆得時而用事，蓋以其爲卦主故也。五亦有時不以君位言者，則又以其卦義所取者臣道，不及於君故也。故朱子云：『常可類求，變非例測。』」（周易折中卷首義例）案：王又樸云：「以『位』爲『爵位』之『位』，説出程子。」（易翼述信卷一讀法「位」條）所言是也。程頤云：「初居最下，无位者也；上處尊位之上，過於尊位，亦无位者也。王弼以爲『无陰陽之位』。陰陽繫於奇耦，豈容无也？然諸卦初、上不言『當位』、『不當位』者，蓋初、終之義爲大。

臨之初九則以位爲正，若需上六云『不當位』，乾上九云『无位』，『爵位』之『位』，非『陰陽之位』也。」（伊川易傳卷三上經噬嗑）

〔三〕李光地云：「消息、盈虛之謂『時』，泰、否、剥、復之類是也。又有指事言者，訟、師、噬嗑、頤之類是也。又有以理言者，履、謙、咸、恒之類是也。又有以象言者，井、鼎之類是也。四者皆謂之『時』。」（周易折中卷首義例）

〔四〕李光地云：「『應』者，上下體相對應之爻也。『比』者，逐位相比連之爻也。易中比、應之義，惟四與五比、二與五應爲最重，蓋以五爲尊位，四近而承之，二遠而應之也。然近而承者，則貴乎恭順小心，故剛不如柔之善；遠而應者，則貴乎强毅有爲，故柔又不如剛之善。凡比與應，必一陰一陽，其情乃相求而相得。若以剛應剛，以柔應柔，則謂之『無應』。以剛比剛，以柔比柔，則亦無相求相得之情矣。」（同上）

1.4 論卦名辭爻辭

伏羲之畫，無文而無所不包。文王命之以名，則既偏於一矣，然其審於象也精，而天道、民故備焉。此所以爲「雜而不越」，因憂患而有作者也。〔一〕其辭也，所以發名之意也。

〔一〕周易繫辭下傳云：「其稱名也，雜而不越，於稽其類，其衰世之意邪？」李光地云：「『稱名』者，卦名也。伏羲之時，八卦有名而已。六十四卦之名，則至文王始具。夫子以其稱名雜而多端，要不越乎事理之外。蓋緣世變風移，情僞日滋，非是不足以周盡之，故考其類而知其爲衰世之意。」（周易觀彖卷十一繫辭下傳）

如是以「開物成務」，其亦足矣，〔二〕其又析爲六爻之辭，何也？

〔二〕周易繫辭上傳云：「夫易，開物成務，冒天下之道，如斯而已者也。」

曰：卦者，原始終以爲質，錯上下以取象者也。然既有始終矣，則孰爲始，孰爲終，不可不極其變也。既有上下矣，則孰爲上，孰爲下，不可不辨其物也。有始終、上下，則有消息、當否矣，而孰爲息、孰爲消，孰爲當、孰爲否，不可不研其幾而撰其德也。

以泰、否兩卦論之：其名卦、繫辭取於「交、不交」及「往、來」之義矣。〔一〕然有交、不交，則上下判焉；有往、有來，則始終分焉。

〔一五〕李光地云：「泰『交』之義繫之四、五，否『不交』之義繫之二、三，何也？曰：泰之四、五而以消長爲義，則須取陰長之象；否之二、三而以消長爲義，亦須取陰長之象。聖人不取，而取諸卦義之交、不交，聖人之情可見矣。雖然，交之時必在上者誠以求之，泰之四、五當上位，故發『下交』之義也；不交之時必在下者善以處之，否之二、三在下位，故發『不交』之義也。此皆法象之自然者，而『爲君子謀，不爲小人謀』之意因以見焉。」（周易觀象卷三上經三否）案：李氏引「爲君」至「人謀」，張載語，見張子正蒙卷二大易篇第十四。

原其始，則自否而泰、自泰而否者也。「拔茅」而來，所以「吉」；〔一〕「拔茅」而去，所以「亨」也。〔二〕要其終，則泰而復否、否而復泰者也。「城復于隍」，所以「吝」；〔三〕「休否」、「傾否」，所以「吉」也。〔四〕

〔一〕周易泰初九爻辭云：「拔茅茹，以其彙，征吉。」

〔二〕周易否初六爻辭云：「拔茅茹，以其彙，貞吉亨。」

〔三〕周易泰上六爻辭云：「城復于隍，勿用師。自邑告命，貞吝。」

〔四〕周易否九五爻辭云：「休否，大人吉。」上九爻辭云：「傾否，先否後喜。」

交而泰，其泰在上，故六五有「歸妹」之德，而後九二得盡「中行」之義矣。〔一〕不交而否，其否在下，故六二守「否亨」之節，而九五當存「其亡」之心矣。〔二〕

〔一〕周易泰六五爻辭云：「帝乙歸妹，以祉，元吉。」九二爻辭云：「得尚于中行。」

〔二〕周易否六二爻辭云：「包承，小人吉，大人否亨。」九五爻辭云：「休否，大人吉。」

卦包乎爻而舉其綱，爻析乎卦而窮其分。爻不立，無以發卦之緼而冒天下之道。是故卦、爻者，相爲表裏、相爲經緯者也。此文、周之書所爲二而一者也。

1.5 論名義相似

名義有相似而累見者。如屯、蹇、困相似也，比、同人、隨相似也，頤、井、鼎相似也，晉、升、漸相似也。

若此之類，其卦名相似，其彖意、爻義亦每重見疊出者，何也？

曰：此聖人憂患之心所以爲至也。蓋理有切於民生日用者，一則煩辭屢申，欲其不忘也；一則辨時析義，欲其不差也。人生於憂患，則屯、蹇、困之義最切矣。

「非斯人之徒與而誰與」，〔一〕則比、同人、隨之義最切矣。物不可不養，而養必以正，則頤、井、鼎之義最切矣。人莫不好進，而進必以正，則晉、升、漸之義最切矣。廣設其名，丁寧其意，凡使之知懼而勿忘焉已矣。

〔一〕「非斯」至「誰與」，論語微子篇文。邢昺疏云：「與，謂相親與。」（論語注疏卷十八）

而且屯宜動也，蹇、困宜止也，相似而不同也。比者，以分相屬也；同人者，以情相親也；隨者，以德相下也，相似而不同也。頤者，自養而兼養人之義也；井，所以養民也；鼎，所以養賢也，相似而不同也。晉者，既進而盛也；升者，方進而通也；漸者，自方進至既進緩而有序也，相似而不同也。時、義之精也，在毫釐之閒，不辨析焉，則用之或差，是故不可以不詳也。

至於復、臨、泰、壯、夬同爲陽長之卦，〔一〕姤、遯、否、觀、剥同爲陰長之卦，〔二〕然其微著、先後之閒，氣候不同，而義理亦變。惟聖人爲能辨別其當時之幾，而審度乎處之之分，莫不於其名卦、繫辭而見之矣。

〔一〕「於」，榕村本、陳本作「如」。

〔二〕「否」下原無「觀」字，榕村本、陳本同，今據文意補。此以卦畫言也。

1.6

論八純卦

六十四卦皆時也，惟八純卦不可以時言。非無時也，根於天地之理、人心之德，其爲時也，述天理而時措，不可以在外之所遇者言也。乾者，健德也；坤者，順德也；震者，動德也；艮者，止德也；巽者，入德也；兑者，説德也；離者，明德也。〔一〕惟坎曰「陷」、曰「險」，不可以心德言，故於重卦之名加一「習」字，與七卦之例別。〔二〕蓋人心惟危，故其心德必有所陷，陷則險矣。於是乎不可聽其心之陷溺，而必更習於險，以出乎險。孟子所謂「困心衡慮」、「動心忍性」，〔三〕皆其事也。如是則亦爲人心之德，與七卦等矣。

〔一〕周易説卦傳云：「乾，健也。坤，順也。震，動也。巽，入也。坎，陷也。離，麗也。艮，止也。兑，説也。」朱熹云：「此言八卦之性情。」（周易本義卷十説卦傳第八）

〔二〕李光地云：「此卦二體皆坎，是謂『重險』。『重險』，則所更歷者皆險，有『習』之象焉。『習』須依古注訓『便習』。『便習』者，習之不已，以至於便熟也。蓋八卦皆人心之德，獨險非善道，不可以心德言，故加『習』字以名之。能更習於險，即人心之德也。」（周

〔三〕孟子告子下云：「動心忍性，曾益其所不能」，「困於心、衡於慮而後作」。易觀象卷十一繫辭下傳）

此八卦者，與時偕行，豈非時乎？然主於所施，不主於所遇。是故震與履，皆論戒懼之道而不同。震者，心之德也；履者，時之宜也。離與豐，皆論昏明之效而不同。離者，心之德也；豐者，時之宜也。艮與咸，皆論動靜之學而不同。艮者，心之德也；咸者，時之宜也。坎與屯、需、蹇、困，皆論處險之義而亦不同。「習坎」者，心之德也；屯、需、蹇、困，時之宜也。處時之道，不外乎人心之德。此八卦所以經緯乎六十四卦之中，而義所以獨爲大也。

○釋經者曰「健莫如天，順莫如地，動莫如雷，入莫如風，明莫如火，止莫如山，説莫如澤」，〔二〕是皆然矣。曰「險莫如水」，則有未盡，當曰「行險莫如水」，斯爲水之德爾。由此言之，卦名不加以「習」字，得乎？

〔一〕邵雍云：「乾，奇也，陽也，健也。故天下之健莫如天。坤，耦也，陰也，順也。故天下之順莫如地，所以順天也。震，起也，一陽起也。起，動也。故天下之動莫如雷。坎，陷也，一陽陷於二陰。陷，下也。故天下之下莫如水。艮，止也，一陽於是而止也。故天下之止莫如山。巽，入也，一陰入二陽之下。故天下之入莫如風。離，麗也，一陰離於二陽。其卦錯然成文而華麗也。故天下之麗莫如火，故又爲『附麗』之『麗』。兑，説也，一陰出於外而説於物。故天下之説莫如澤。」（皇極經世書卷十三）

1.7　論卦有主爻

聖人繫彖之時，雖通觀其卦象、卦德以定名、辭之義，然於爻位尤致詳焉。蓋有因爻位以名卦者，師、比、小畜、履、同人、大有、謙、豫、剥、復、夬、姤之類是也；有名雖别取而爻位之義發於辭者，屯、蒙之「建侯」、「求我」指初、二，〔一〕訟、蹇、萃、巽之「大人」指九五之類是也。〔二〕是二者，皆謂論卦之主爻。〔三〕

〔一〕周易屯卦辭云：「勿用有攸往，利建侯。」初九爻辭云：「盤桓，利居貞，利建侯。」李光地云：「屯有『動乎險中』之象，而初九動之主，則卦之主也。又震體爲長子，主器有侯之象，方屯之初，居下之位，故盤桓而難於進。當此之時，惟利於守其正固而已。然在人，則利建以爲侯。」（周易觀彖卷二上經二屯）蒙卦辭云：「匪我求童蒙，童蒙求我。」九二爻辭云：「包蒙吉，納婦吉，子克家。」李光地云：「卦惟二陽，除上九在事外，其餘衆陰皆統於二。『包蒙』、『納婦』之象也。『子克家』，指應五而言。易爻之例，陰求陽者多，陽求陰者少；上求下者吉，下求上者凶。在此卦，則暗求於明，樂道忘勢，乃時義也，故五求二而爲『童蒙』。」（周易觀彖卷二上經二蒙）

〔二〕周易訟卦辭云：「利見大人，不利涉大川。」蹇卦辭云：「利見大人，貞吉。」萃卦辭云：「利見大人，亨利貞。」巽卦辭云：「利有攸往，利見大人。」

〔三〕項安世云：「凡卦皆有主爻，皆具本卦之德。如乾九五具乾之德，故爲天德之爻；坤六二具坤之德，故爲地道之爻。屯自觀卦變，以初九爲主，故爻辭全類卦辭，其曰『盤桓，利居貞』，則『勿用，有攸往』也；又曰『利建侯』，无可疑矣。他卦主爻放此。」（周易玩辭卷三屯「初九」條）

但就文王之名、辭觀之，有包涵其意而未明者矣。至六爻之繫，則辭有吉凶，義有輕重，而名、辭之意因以可見。

如：師則正九二之爲「長子」，而卦之所以爲師者，此矣。〔一〕比則正九五之爲「王」，而卦之所以爲比者，此矣。〔二〕謙之九三曰「勞謙」，而卦之所以爲謙者，此矣。〔三〕豫之九四曰「由豫」，而卦之所以爲豫者，此矣。〔四〕剥之上九曰「碩果」，而卦之所以爲剥者，此矣。〔五〕復之初九曰「不遠復」，而卦之所以爲復者，此矣。〔六〕

〔一〕周易師九二爻辭云：「在師中，吉无咎，王三錫命。」李光地云：「二有剛中之德而統衆陰，丈人『在師中』之象也。」（周易觀象卷二上經二師）

〔二〕周易比九五爻辭云：「顯比。王用三驅，失前禽。邑人不誡，吉。」李光地云：「五爲比之主，而有剛中正之德，故極言比天下之道。『比』者，親附之辭也。陰相比則私矣，顯其比則公矣。私，故計較於物之往來；公，故渾忘於彼之逆順。盡我所以比人之道，而不計人之比、不比，則未嚮乎化者，俟之而不追；各得其性者，安之而不擾。此帝王比天下之至也。」（周易觀象卷二上經二比）

〔三〕周易謙九三爻辭云：「勞謙，君子有終，吉。」王宗傳云：「謙之成卦，在此一爻也。故卦之德曰『君子有終』，而九三實當之。」（童溪易傳卷八）李光地云：「『謙』者，有而

不居之謂。陽之德實，是有其實而能謙者也，故曰『勞謙』。此爻卦之主，故其占與彖同。」（周易觀彖卷三上經三謙）

〔四〕周易豫九四爻辭云：「由豫，大有得。勿疑，朋盍簪。」李光地云：「爲卦之主，故曰『由豫』。得應於上下，是『大有得』也。以其居上位而近，乃危疑之地，故其占又曰『勿疑，朋盍簪』。」（周易觀彖卷三上經三豫）

〔五〕周易剥上九爻辭云：「碩果不食，君子得輿，小人剥廬。」朱熹云：「一陽在上，剥未盡而能復生。君子在上，則爲衆陰所載。小人居之，則剥極於上，自失所覆，而無復『碩果』、『得輿』之象矣。」（周易本義卷一上經第一）

〔六〕周易復初九爻辭云：「不遠復，无祇悔，元吉。」李光地云：「失而後有復，非失則無復。一陽爲卦之主，處卦之初，失之不遠而復者也。覺之早，反之易，則不至陷於過失而悔矣。悔且無之，況吝凶乎？故其占曰『元吉』。」（周易觀彖卷五上經五復）

又如：屯之初曰「利建侯」，而辭所謂「建侯」者，此矣。蒙之五曰「童蒙」，而辭所謂「求我」者，此矣。訟之五曰「訟，元吉」，蹇之五曰「大蹇朋來」，萃之五曰「萃有位」，巽之五曰「貞吉，悔亡，无不利」，而辭所謂「大人」者，此矣。

蓋爻之意，雖根於卦而後可明，而卦之意，亦參於爻而後可知。卦、爻相求，則所謂主爻者得矣。主爻者得，則其餘爻之或吉或凶，因是可推。何則？凡卦義善者，爻能合德則吉，反之則凶也；卦義不善者，爻能反之則吉，合德則凶也。故師、比、謙、豫之類，主爻之吉者也，以其德與時適也。若其當與時反者，則爲主者反不得吉。如：訟之上九，則終訟者也。〔一〕履之六三，則「咥人」者也。〔二〕明夷上六，則明所以夷也。〔三〕歸妹上六，則妹所以歸也。〔四〕

〔一〕周易訟上九爻辭云：「或錫之鞶带，終朝三褫之。」李光地云：「訟之義，以柔爲善。初、三皆柔，故『終吉』之占同。二有惕中之德，四處多懼之位，故其『不克』之辭亦同。惟上剛質健極，以處訟終，終訟而凶者也，雖榮必辱，況未必得乎？」（周易觀象卷二上經二訟）

〔二〕周易履六三爻辭云：「履虎尾，咥人，凶。」李光地云：「三以柔履剛，又爲説主以應乎乾，乃成卦之主也。當履之時，居下之上，冥行徑進，不能自止，蹈虎尾而見傷之象也。」（周易觀象卷三上經三履）

〔三〕周易明夷上六爻辭云：「不明，晦。」李光地云：「明夷者，有明德而見傷也。下五爻皆

言『明夷』，上六則夷人之明者，故變文曰『不明，晦』。以其晦，故傷人之明也。」（周易觀彖卷六下經一明夷）

〔四〕周易歸妹上六爻辭云：「女承筐，无實；士刲羊，无血，无攸利。」李光地云：「『承筐』而『无實』，『刲羊』而『无血』，蓋士、女相給，無約結之實也，必不終矣。彖云『征凶，无攸利』，惟此爻當之。」（周易觀彖卷八下經三歸妹）

主爻吉，則餘爻之吉者，必其德與主爻類者也；非然，則其比、應也，而反是者則凶。主爻凶，則餘爻之凶者，必其德與主爻類者也；非然，則其比、應也，而反是者則吉。

又，主爻不拘於一。如：蒙之九二固主爻矣，六五以「童蒙」應之，則亦主爻也。〔一〕師之九二固主爻矣，六五使「長子帥師」，則亦主爻也。〔二〕履之六三固主爻矣，九四有「虎尾」之象，則亦主爻也。〔三〕泰之九二固主爻矣，六五爲下交之主，則亦主爻也。〔四〕

〔一〕李光地云：「蒙以九二、六五爲主，蓋九二有剛中之德，而六五應之。九二在下，師也，能教人者也；六五在上，能尊師以教人者也。」（周易折中卷首義例）

〔二〕李光地云：「師以九二、六五爲主，蓋九二在下，『丈人』也；六五在上，能用『丈人』者也。」（同上）

〔三〕李光地云：「履以六三爲成卦之主，而九五則主卦之主也。蓋六三以一柔履衆剛之閒，多危多懼，卦之所以名履也。居尊位尤當常以危懼存心，故九五之辭曰『貞厲』，而彖傳曰『剛中正，履帝位而不疚』。」（同上）

〔四〕李光地云：「泰以九二、六五爲主，蓋泰者上下交而志同，九二能盡臣道以上交者也，六五能盡君道以下交者也，二爻皆成卦之主，亦皆主卦之主也。」（同上）

又如：臨之初、二，觀之五、上，坎、離之二、五，萃、升之四、五，則皆自卦義而定，不妨兩爲卦主也。〔一〕

〔一〕李光地云：「凡所謂『卦主』者，有成卦之主焉，有主卦之主焉。成卦之主，則卦之所由以成者，无論位之高下、德之善惡，若卦義因之而起，則皆得爲卦主也。主卦之主，必皆德之善，而得時、得位者爲之，故取於五位者爲多，而它爻亦閒取焉。其成卦之主即爲主卦之主者，必其德之善而兼得時、位者也。其成卦之主不得爲主卦之主者，必其德與時、位參錯而不相當者也。大抵其説皆具於夫子之彖傳，當逐卦分别觀之。若其卦成卦之主即主卦之主，則是一主也；若其卦有成卦之主，又有主卦之主，則兩爻皆爲卦主矣。或其成卦者兼取兩爻，則兩爻又皆爲卦主矣；或其成卦者兼取兩象，則兩象之兩爻又皆爲卦主矣，亦當逐卦分别觀之。」（周易折中卷首義例）

又如：震有兩主，而其重在初；〔一〕艮有兩主，而其重在上。〔二〕既濟二、五得中，而其重在二；〔三〕未濟二、五得中，而其重在五。〔四〕此則因卦義而變者。

〔一〕李光地云：「震以二陽爲主，然震陽動於下者也，故四不爲主，而初爲主。」（周易折中卷首義例）

〔二〕李光地云：「艮亦爲二陽爲主，然艮陽止於上者也，故三不爲主，而上爲主。」（同上）

〔三〕李光地云：「既濟以六二爲主，蓋既濟則『初吉』而『終亂』，六二居内體，正『初吉』之時也，故彖傳曰『「初吉」，柔得中也』。」（同上）

〔四〕李光地云：「未濟以六五爲主，蓋未濟則始亂而終治，六五居外體，正開治之時也，故彖傳曰『「未濟亨」，柔得中也』。」（同上）

履之三、四象「虎尾」，而其吉在四；〔一〕頤之初、上象「頤」，而其凶在初。〔二〕大過三、四象「棟」，而其吉在四；〔三〕小過初、上象「鳥」，而其尤凶在初。〔四〕此則又因物象而變者。

〔一〕周易履六三爻辭云：「履虎尾，咥人，凶。」九四爻辭云：「履虎尾，愬愬，終吉。」

〔二〕周易頤初九爻辭云：「舍爾靈龜，觀我朵頤，凶。」上九爻辭云：「由頤，厲吉。」

〔三〕周易大過九三爻辭云：「棟橈，凶。」九四爻辭云：「棟隆，吉。」

〔四〕周易小過初六爻辭云：「飛鳥以凶。」上六爻辭云：「飛鳥離之，凶，是謂災眚。」

若此之類，推説難盡，姑舉其概，各隨卦義、爻才而觀之可也。

凡卦有無主者，則以其義甚大，而爻德不足以配。如「同人于野」之義至大，六二之「吝」固不足以當之矣，〔一〕惟上九居卦外，有「野」之象，而其德非中正，故僅止於「郊」而已。〔二〕「恒久」之義至大，六五之「貞」固不足以當之矣，〔三〕惟九二剛中，有久中之德，然位失其正，故止於「悔亡」而已。〔四〕是二卦者，無主爻也。

〔一〕周易同人六二爻辭云：「同人于宗，吝。」

〔二〕周易同人上九爻辭云：「同人于郊，无悔。」

〔三〕周易恒六五爻辭云：「恒其德，貞。」

〔四〕周易恒九二爻辭云：「悔亡。」李光地云：「恒之道，非剛不能以持久，非中不足以爲

常，故六爻惟此爻爲善。處失其正，故或有悔。惟其得中，故『悔』可『亡』。」（周易觀彖卷六下經一恒）

蓋撰德於卦，則指爻以爲主者，卦象之正也。繫辭其爻，因卦義之大，而必審論其才德者，爻義之精也。艮以人身取象，則當以六四背位爲主；然止者剛德，而四柔也，故以上之止體爲主，四止於「无咎」，而上「吉」也。〔一〕中孚以中虛取象，則當以三、四爲主；然孚者實德、中德，三、四陰而不中，故以二、五之剛中爲主，六四雖有「幾望」之吉，而亦不得爲主也。〔二〕

〔一〕周易艮六四爻辭云：「艮其身，无咎。」上九爻辭云：「敦艮，吉。」李光地云：「艮以二陽爲主，然艮陽止於上者也，故三不爲主，而上爲主。」（周易折中卷首義例）

〔二〕周易中孚六三爻辭云：「得敵，或鼓或罷，或泣或歌。」六四爻辭云：「月幾望，馬匹亡，无咎。」李光地云：「中孚之成卦以中虛，則六三、六四，成卦之主也。然『孚』之取義以中實，則九二、九五，主卦之主也。至於『孚乃化邦』，乃居尊者之事，故卦之主在五。」（同上）案：李氏引「孚乃化邦」，周易中孚彖辭文。

然乾、坤之義，大之至矣，而其所以有主者，則以乾五剛健中正，備天之德也；坤二柔順中正，備地之德也。故彖傳所謂「乘龍御天」、「首出」「咸寧」者，〔一〕皆以九五之德位當之也；〔二〕文言所謂「動剛」、「德方」者，〔三〕皆以六二之德當之也。〔四〕自乾、坤發此例，而六十四卦因之，其彖傳有贊爻德以贊卦者，皆此例也。

〔一〕周易乾彖辭云「大明終始，六位時成，時乘六龍以御天」，「首出庶物，萬國咸寧」。李光地云：「九五一爻之時，則以剛健中正之德，統衆陽而居尊位，有乘駕六龍以御於天路之象。以德言之，則兼統衆陽，故有『乘六龍』之象；以位言之，則高出羣爻，故有『首庶物』之象。德施既溥，則但見其垂拱於上，而萬國皆安其性命之情，以涵育於太和之内，無異天道之『利貞』矣。」（周易觀彖卷一上經一乾）

〔二〕李光地云：「乾以九五爲卦主。蓋乾者天道，而五則天之象也；乾者君道，而五則君之位也，又剛健中正四者具備，得天德之純，故爲卦主也。觀彖傳所謂『時乘六龍以御天』、『首出庶物』者，皆主君道而言。」（周易折中卷首義例）

〔三〕周易坤文言云：「坤至柔而動也剛，至静而德方。」李光地云：「『柔静』者，坤之本體。『動剛』，則其發也，『元亨』也；『德方』，則其成也，『利貞』也。」（周易觀彖卷一上經

一坤）

〔四〕李光地云：「坤以六二爲卦主。蓋坤者地道，而二則地之象也；坤者臣道，而二則臣之位也，又柔順中正四者具備，得坤德之純，故爲卦主也。觀彖辭所謂『先迷後得主』、『得朋』『喪朋』者，皆主臣道而言。」（周易折中卷首義例）

1.8 論卦爻占辭

所謂「占辭」者，「元亨，利貞」也，〔一〕「吉、凶、悔、吝、无咎」也，〔二〕其目之大者也。考之於經，則爻無「元亨」，止於「元吉」、「大吉」而已，或止曰「亨」而已；卦無「吝」，而「悔」亦僅見於革彖而已。〔三〕聖人於此亦有意否乎？

〔一〕李光地云：「乾、坤之『元亨，利貞』，諸儒俱作四德説，惟朱子以爲占辭而與他卦一例，其言當矣。然四字之中，雖只兩意，實有四層。何則？『元』，大也。『亨』，通也。『利』，宜也。『貞』，正而固也。人能至健，則事當大通，然必宜於正固，是占辭只兩意也。」（周易折中卷一上經乾）

〔二〕周易繫辭上傳云：「吉凶者，失得之象也；悔吝者，憂虞之象也。」李光地云：「彖、爻之辭，爲筮而設。故『吉、凶、悔、吝、无咎』者，斷占之凡例也。『吉凶者，失得之象』，故辭之『吉、凶』，言乎其失得也。『悔吝者，憂虞之象』，故辭之『悔、吝』，言乎其小疵也。『无咎』，則行乎四者之閒。蓋内省不疚以消悔吝之萌，反己無愆而順吉凶之至，乃人心之得其正而人事之得其平者，故辭之『无咎』，善乎其補過也。」（周易觀彖卷十繫辭上傳）

〔三〕周易革卦辭云：「巳日乃孚，元亨，利貞，悔亡。」

曰：「元亨，利貞」者，天道之常而貫乎人事者也；「吉、凶、悔、吝」者，人事之致而通乎天道者也。卦本乎天道，而「元亨」者，天道之大者也，故爻不得而用之也；爻主乎人事，而「悔、吝」者，人事之細者也，故卦不得而及之也。且「元亨」之爲大也，不獨爻無用焉，而見於卦者亦少。自乾、坤之外，惟屯、隨、臨、无妄、革五卦備「元亨，利貞」之辭。蓋屯與革，則天時之大者；隨人與臨人，則人事之大者；无妄，則天人之德之至者也。此外而曰「元亨」者，亦惟大有、蠱、升、鼎而已。蠱壞之極而更新之，其義與屯、革相亞，此所以曰「元亨」也。大有、升、鼎三卦，則皆以賢人取義。蓋大有者，所有者大，賢人之衆多也；鼎以養賢，賢人之得養也；升以進賢，賢人之得用也。易之義，莫美於用賢者。故大有與鼎皆直曰「元亨」，而無餘辭；升雖有餘辭，〔一〕皆以足「元亨」之義，而無他戒，爲諸卦不能及者，意豈不深哉？

〔一〕周易升卦辭云：「元亨。用見大人，勿恤。南征，吉。」李光地云：「卦下直言『元亨』，而無『利貞』之辭者三：大有、升、鼎也。皆自賢人取義，聖人之情見乎辭矣。然大有、鼎皆無他辭，升則申以吉利之占。蓋大有者，能有賢也；鼎者，能養賢也，皆主於在上者而言，則亨莫大焉，故言『元亨』，其辭已足。升之義兼乎在下者，故言『元亨』，又言其『見大人』之喜、『南征』之『吉』也。」（周易觀象卷七下經二升）

○彖辭言「元亨」，無言「大亨」者，而夫子以「大亨」釋之，〔一〕則「大」與「元」本一義也。然爻辭或言「元吉」，或言「大吉」，則亦不能無少差別。

〔一〕周易屯卦辭云：「元亨，利貞。」彖辭云：「屯，剛柔始交而難生，動乎險中，大亨貞。」朱熹云：「文王本意説乾『元亨，利貞』，只是説乾道大通而至正，故筮得者其占當得大通而利於正固。至孔子方作四德説。後人不知，將謂文王作易便作四德説，即非也。如屯卦所謂『元亨，利貞』者，以其能動雖可以『亨』，而在險則宜守正，故筮得之者其占爲『大亨』而利於正，初非謂四德也。故孔子釋此彖辭，只曰『動乎險中，大亨貞』，是用文王本意釋之也。」（朱子語類卷七十易六屯）

考之坤五、訟五、履上、泰五、復初、大畜四、離二、損五、益初、益五、井上、涣四皆言「元吉」，惟家人四、萃四、升初、鼎上言「大吉」。

蓋坤五以中順之德配乾，離二亦以中順而合坤德，故坤曰「牝馬」，〔一〕配乾之義也；離曰「牝牛」，〔二〕肖坤之義也。其辭皆曰「黄」，〔三〕以此也。德至中和而極，故占皆「元吉」。履上，則德之成也；〔四〕復初，則德之本也，〔五〕其占亦「元吉」。此四爻皆以其德之純言也。

〔一〕周易坤卦辭云：「元亨，利牝馬之貞。」

〔二〕周易離卦辭云：「利貞亨。畜牝牛，吉。」李光地云：「或疑：『「牝牛」坤象，而離取之，坤反爲「牝馬」，何也？』曰：惟坤之非馬，故曰『牝馬』，取其順而能健也。惟離之非牛，故曰『牝牛』，取其明而能順也。」（周易觀彖卷五上經五離）

〔三〕周易坤六五爻辭云：「黄裳，元吉。」李光地云：「裳而黄，是以中色爲飾。如人以中德爲文，文從中出也。」（周易觀彖卷一上經一坤）離六二爻辭云：「黄離，元吉。」程頤云：「二居中得正，麗於中正也。『黄』，中之色，文之美也。文明中正，美之盛也，故云『黄離』。以文明中正之德，上同於文明中順之君，其明如是，所麗如是，大善之『吉』也。」（伊川易傳卷四上經離）

〔四〕周易履上九爻辭云：「視履考祥，其旋元吉。」

〔五〕周易復初九爻辭云：「不遠復，无祇悔，元吉。」

餘則凡言「元吉」者，多指吉之在天下者也；凡言「大吉」者，多指吉之在一人者也。

故均之益也，家人四，富其家者也；〔一〕益五，富天下者也。〔二〕

〔一〕周易家人六四爻辭云：「富家，大吉。」

〔二〕周易益九五爻辭云：「有孚惠心，勿問，元吉。」

均之聚也，萃四聚其下，而猶恐有樹私之嫌；〔一〕渙四「渙其羣」，則已極乎大公之善也。〔二〕

〔一〕周易萃九四爻辭云：「大吉，无咎。」李光地云：「九五，萃之主，而四輔之。以大臣當天下之萃，危疑之地也，故必『大吉』，然後『无咎』。」（周易觀象卷七下經二萃）

〔二〕周易渙六四爻辭云：「渙其羣，元吉。」胡瑗云：「『羣』，衆也。天下之渙，起于衆心乖離，人自爲羣。六四上乘九五，當濟渙之任而居陰得正，下无私應，是大臣秉大公之道，以濟天下之渙，使天下之黨盡散，則天下之心不至于乖離，而皆得以萃聚，故得盡善，元大之『吉』也。」（周易口義卷十）

均之進也，益初之義，在忘身以酬上；〔一〕升初之義，在見允而得升也。〔二〕

〔一〕周易益初九爻辭云：「利用爲大作，元吉，无咎。」李光地云：「卦以損四益初爲義，則初亦受益之極，卦之主也，故其辭亦與卦同。『利用爲大作』者，即彖所謂『利有攸往，利涉大川』也。必大爲益人之事，然後可以自受其益。」（周易折中卷六下經益）

〔二〕周易升初六爻辭云：「允升，大吉。」李光地云：「初，木之根也，其義最善，故其辭獨於諸爻爲『大吉』。『允升』者，爲上所信而升也。」（周易觀象卷七下經二升）

均之養也，井之義爲「養民」，則在上而養道成者，是民得養也；〔一〕鼎之義爲「養賢」，則至上而養道成者，是已得養也。〔二〕

〔一〕周易井上六爻辭云：「井收勿幕，有孚元吉。」象辭云：「『元吉』在上，大成也。」

〔二〕周易鼎上九爻辭云：「鼎玉鉉，大吉，无不利。」易祓云：「鼎與井，其用在五，而其功皆在上。井至上而後爲『元吉』，鼎至上而後爲『大吉』，皆所以全養人之利者也。」（見周易折中卷七下經鼎）

至於訟五、畜四，則有無訟刑措之風焉；〔一〕泰五、損五，則有虛中受下之美焉。〔二〕是皆非一人之吉，而天下之吉，此所以不特曰「大」而曰「元」也。彖傳「有喜」、「有慶」之義亦然。〔三〕

〔一〕周易訟九五爻辭云：「訟，元吉。」李光地云：「九五，象所謂『大人』也，有大人之德，故未訟則感之而化，已訟則就之而直。遇此爻而有訟事者，當『元吉』也。」（周易觀彖卷二上經二訟）大畜六四爻辭云：「童牛之牿，元吉。」朱熹云：「『童』者，未角之稱。『牿』，施橫木於牛角以防其觸。止之於未角之時，爲力則易，大善之吉也，故其象、占如此。學記曰『禁於未發之謂豫』，正此意也。」（周易本義卷一上經第一）

〔二〕周易泰九五爻辭云：「帝乙歸妹，以祉，元吉。」朱熹云：「以陰居尊，爲泰之主，柔中虛己，下應九二，『吉』之道也。而『帝乙歸妹』之時，亦嘗占得此爻。占者如是，則有『祉』而『元吉』矣。」（周易本義卷一上經第一）損六五爻辭云：「或益之，十朋之龜弗克違，元吉。」楊時云：「柔得尊位，虚己而下人，則謙受益。時乃天道，天且不違，况於人乎？况於鬼神乎？宜其益之者至矣。」（見大易粹言卷四十一）

〔三〕「有喜」，不見於彖傳，見賁六五彖辭、大畜六四彖辭、升九二彖辭，疑李光地誤記。「有慶」，見坤彖辭、益彖辭、升彖辭，又見履上九彖辭、大畜六五彖辭、頤上九彖辭、晉六五彖辭、睽六五彖辭、困九二彖辭、豐六五彖辭、兑九四彖辭。案：周易賁六五彖辭云：「六五之『吉』，有喜也。」李光地云：「傳於五位多言『有慶』，『慶』大而『喜』小也。此爻居尊而返樸崇儉，亦可以易俗移風，而但曰『有喜』者，且就一身無過言爾。如无妄五、損四、兑四之例，皆以無疾爲喜。若推其用，則化成天下，『慶』在其中矣。」（周易折中卷十一象上傳）又案：象傳言「有慶」者，凡八見。言於二位者，有困九二；於四位者，有兑九四；於五位者，有大畜六五、晉六五、睽六五、豐六五；於上位者，有履上九、頤上九。李光地云：「凡象傳言『有慶』者，多上三爻也。」（周易觀彖卷九下經四兑）其説是也。

○彖、爻辭有言「利」者，有言「用」者，有言「不利」者，有言「勿用」者，意相近而辭不同。蓋占者與卦爻有相爲賓主之例。言「利」、「不利」者，以占者當卦爻，謂如此之德、如此之時位，則其利、不利如此也。言「用」、「不用」者，謂卦爻之德、之時如此，占者可用以如此、不可用以如此也。

細觀之，其義亦須有别。

凡言「利」者，皆其事後之利。如：訟非得大人不決，蹇非得大人不濟。〔一〕需不犯難，同人能得衆心，〔二〕有可以涉川之理。又，需者將以進也，同人者將以濟也，故皆言「利」，事後之辭也。

〔一〕周易訟、蹇卦辭皆云：「利見大人。」

〔二〕周易需、同人卦辭皆云：「利涉大川。」

凡言「用」者，則即今而可用。如：升則遇時之卦，「見大人」而無憂；〔一〕謙則德之至，涉大川而必濟，〔二〕故皆言「用」，當事之辭也。

〔一〕周易升卦辭云：「用見大人，勿恤。」李光地云：「訟、蹇、萃、巽之彖皆曰『利見大人』；此曰『用見大人』者，四卦之『大人』皆以九五當之，故曰『利』者，有大人於此而利見之也；升則卦無九五，其六五之『升階』與晉之六五同，皆謂升進之人耳，故不曰『利』

而曰『用』，言用此人以見大人也。」（周易觀彖卷七下經二升）

〔三〕周易謙初六爻辭云：「謙謙，君子用涉大川，吉。」李光地云：「六爻皆謙者，初居下，是謙而又謙也。君子用此以涉大川，則能得人之和而可以濟矣，故『吉』。」（周易觀彖卷三上經三謙）

凡言「不利」者，事無可爲之稱。如：剥之「小人長」，則其時之不利攸往也；〔一〕无妄之「匪正有眚」，則其德之不利攸往也，〔二〕故言「不利」，蓋終無可往之理也。

〔一〕周易剥卦辭云：「不利有攸往。」彖辭云：「『不利有攸往』，小人長也。」程頤云：「衆小人剥喪於君子，故君子不利有所往。惟當巽言晦迹，隨時消息，以免小人之害也。」（伊川易傳卷三上經剥）

〔二〕周易无妄卦辭云：「其匪正有眚，不利有攸往。」李光地云：「災自外來，眚由己作。『无妄』，災也，自外來者也。『匪正』之『眚』，由己作者也，如是則不利有所往矣。」（周易觀彖卷三上經三謙）

凡言「勿用」者，暫且勿用之意。如：屯雖動乎險，然猶未可輕有所往；〔一〕遯雖其勢當去，然亦未可輕有所往，〔二〕故言「勿用」，蓋恐其疑於可往，而戒以未可往也。

〔一〕周易屯卦辭云：「勿用有攸往，利建侯。」

〔二〕周易遯初六爻辭云：「遯尾，厲，勿用有攸往。」

然則「利」之詞緩於「用」，「不利」之詞又急於「勿用」。通事後而論之，則「利」者，猶在後也，故緩；「不利」者，終無可爲也，故急。即當事而論之，則「用」者，即今可用也，故急；「勿用」者，惟此時勿用而已，故緩。

若夫虛言「无不利」、「无攸利」者，亦包當事、事後之辭也；虛言「勿用」者，亦是且就其時斷之之辭也。頤之三既曰「勿用」，又曰「无攸利」，〔一〕則其辭彌甚矣。「利用禴」、「利用亨祀、祭祀」及「王用亨于西山、岐山」、「王用享于帝」之義亦然。〔二〕

〔一〕周易頤六三爻辭云：「拂頤貞，凶。十年勿用，无攸利。」李光地云：「上九爲頤之主，而三應之。卦之得養，無如此爻者。然居動之極，不中不正，上交必諂，從欲維危。卦之拂乎養道，亦無如此爻者。以此爲常，其凶甚矣。『十年勿用』，無時而可也；『无攸利』，無一而可也。」（周易觀象卷五上經五頤）

〔三〕周易萃六二爻辭云：「引吉，无咎。孚乃利用禴。」升九二爻辭云：「孚乃利用禴，无咎。」困九二爻辭云「利用亨祀」，九五爻辭云「利用祭祀」。隨上六爻辭云：「王用亨于西山。」升六四爻辭云：「王用亨于岐山。」益六二爻辭云：「王用亨于帝，吉。」

〇爻辭無「元亨」，而曰「利貞」者亦少。〔一〕蓋變「元亨」曰「元吉」、「大吉」，變「利貞」曰「貞吉」。所以然者，卦之義全，爻則偏指一事而言，故變其文以別之也。

〔一〕周易明夷六五爻辭云：「箕子之明夷，利貞。」損九二爻辭云：「利貞，征凶，弗損益之。」鼎六五爻辭云：「鼎黃耳，金鉉，利貞。」

其曰「利永貞」者，以永爲貞也；〔一〕「利居貞」者，以居爲貞也；〔二〕「利艱貞」者，以艱爲貞也。〔三〕「利于不息之貞」者，以不息爲貞也；〔四〕「利幽人、武人之貞」者，以幽人、武人爲貞也。〔五〕此又本於坤、明夷彖辭之例，〔六〕然皆偏指一事而言者也。

〔一〕周易艮初六爻辭云：「艮其趾，无咎，利永貞。」

〔二〕周易屯初九爻辭云：「盤桓，利居貞，利建侯。」隨初九爻辭云：「隨有求得，利居貞。」

〔三〕周易噬嗑九四爻辭云：「噬乾胏，得金矢，利艱貞，吉。」大畜九四爻辭云：「良馬逐，利艱貞。」

〔四〕周易升上六爻辭云：「冥升，利于不息之貞。」

〔五〕周易歸妹九二爻辭云：「眇能視，利幽人之貞。」巽初六爻辭云：「進退，利武人之貞。」

〔六〕周易坤卦辭云：「元亨，利牝馬之貞。」明夷卦辭云：「利艱貞。」

○凡言「貞吉」於辭之後者，即其辭所言之義，而貞固守之則吉也，「需于酒食」、「鳴謙」、「介于石」之類是也。〔一〕言「貞吉」於辭之前者，爻有「貞吉」之義，而辭又有他戒也，咸四，壯四，升五，巽五，未濟四、五是也。〔二〕「悔亡」、「无咎」之義亦然。惟壯二直曰「貞吉」，恒二直曰「悔亡」，解初直曰「无咎」，前後更無他辭，則以爻義已足，示人觀象之例也。

〔一〕周易需九五爻辭云：「需于酒食，貞吉。」謙六二爻辭云：「鳴謙，貞吉。」豫六二爻辭云：「介于石，不終日，貞吉。」

〔二〕周易咸九四爻辭云：「貞吉，悔亡。憧憧往來，朋從爾思。」大壯九四爻辭云：「貞吉，悔亡。藩決不羸，壯于大輿之輹。」升六五爻辭云：「貞吉，升階。」巽九五爻辭云：「貞吉，悔亡，无不利。无初有終。先庚三日，後庚三日，吉。」未濟九四爻辭云：「貞吉，悔亡。震用伐鬼方，三年有賞于大國。」六五爻辭云：「貞吉，无悔。君子之光，有孚吉。」

○凡言「悔亡」者，有悔而可亡也；「无悔」者，无可悔也。然則「无悔」之義進于「悔亡」。故咸四言「悔亡」，至五則言「无悔」；大壯四言「悔亡」，至五則言「无悔」；渙二言「悔亡」，至三則言「无悔」；未濟四言「悔亡」，至五則言「无悔」。以其辭義先後考之，「无悔」進於「悔亡」可知矣。雖以復初之「吉」，然「无祇於悔」與「敦復，无悔」亦須有先後也。〔一〕凡易中言「悔亡」、「无悔」者，以此别之。

〔一〕周易復初九爻辭云：「不遠復，无祇悔，元吉。」六五爻辭云：「敦復，无悔。」胡炳文云：「『不遠復』者，善心之萌；『敦復』者，善行之固。故初九『无祇悔』，『敦復』則其復也无轉移，自然『无悔』矣。『不遠復』，入德之事也。『敦復』，其成德之事歟？」（周易本義通釋卷一）

1.9

論占辭無兩例

先儒説「貞凶」，有云「雖貞亦凶」者，有言「貞乎此則凶」者，有言「決定是凶」者，是有三例也。説「无咎」，既爲「補過」之義，又云「自取凶害，无所歸咎」，是有兩例也。夫苟二三其例，則是適以眩夫占者，而又何以斷天下之疑乎？故夫「貞」者，正也，固也。凡言「貞吉」者，兼「正」、「固」之義，「固」由「正」生也。凡言「貞凶」、「貞吝」、「貞厲」者，主乎「固」之義，蓋自以爲正而固守之也。其設戒亦不純蒙上句，蓋有與上句相反爲義者。

如：泰道之終，〔一〕「城復于隍」矣，斯時也，「勿用師，自邑告命」，則可矣；如固守其常而力爭之，則「吝」也。晉道之極，〔二〕「晉其角」矣，斯時也，惟自治其私，則雖危而「吉无咎」矣；如固守其常，知進而不知退，則「吝」也。此皆不蒙上句，而相反爲義者。

〔一〕周易泰上六爻辭云：「城復于隍，勿用師，自邑告命，貞吝。」

〔三〕周易晉上九爻辭云：「晉其角，維用伐邑，厲，吉无咎，貞吝。」

如：「弟子輿尸，貞凶」、「晉如鼫鼠，貞厲」、「喪其資斧，貞凶」，〔一〕則蒙上句直說，謂固常如此而不知反，則危且凶也。二者文意不同，然要爲不可固守之占，則無兩例明矣。

〔一〕「弟子」至「貞凶」，周易師六五爻辭。「晉如」至「貞厲」，周易晉九四爻辭。「喪其」至「貞凶」，周易巽上九爻辭。

傳言「无咎者，善補過也」，〔一〕則「无咎」非凶辭可知。但以大過之上、節之三，〔二〕遂謂有變例焉。然過上際時窮而有處之之義，〔三〕節三失時義而有改悔之機，是皆可以「補過」之例求之，不必變也。蓋「過涉滅頂」，時窮而凶矣，然以柔爲説主，不與時爭，則「无咎」之道也。不言其所以「无咎」者，解初六之例也。〔四〕「不節若」宜得凶矣，然因「不節」而遂「嗟若」，亦「无咎」之道也，臨六三之例也。〔五〕

〔一〕「无咎」至「過也」，周易繫辭上傳文。

〔二〕周易大過上六爻辭云：「過涉滅頂，凶，无咎。」節六三爻辭云：「不節若，則嗟若，无咎。」

〔三〕「際」，遇也。

〔四〕周易解初六爻辭云：「无咎。」李光地云：「處於最後而陰柔能靜，爻義至明，故直言『无咎』。」（周易觀象卷七下經二解）

〔五〕周易臨六三爻辭云：「甘臨，无攸利。既憂之，无咎。」李光地云：「三不中正，爲説之主，居下之上，以勢臨物而以爲甘，失臨之道者也，何利之有？然甘、苦之介，一念之閒，故苟能知憂懼，則必不以臨爲甘，而咎可免矣。」（周易觀象卷四上經四臨）

況節三象傳與同人初爻同，〔一〕則「无咎」之義亦應同。雖解三「又誰咎也」爲非善詞，〔二〕然此兩爻有「无咎」之文，〔三〕則象傳爲直解「无咎」之義，言「人安得而咎我」也。解三爻無「无咎」之文，而曰「貞吝」，則象傳爲解「貞吝」之義，言「我安得而咎人」也。其辭固不相病也。惟其例之一，是以辭之指有難明者，皆以其占戒讀之而可知。故曰「定之以吉凶，所以斷也」。〔四〕

〔一〕周易節六三象辭云：「『不節』之『嗟』，又誰咎也？」同人初九爻辭云：「同人于門，无咎。」象辭云：「出門同人，又誰咎也？」

〔二〕周易解六三爻辭云：「負且乘，致寇至，貞吝。」象辭云：「『負且乘』，亦可醜也。自我致戎，又誰咎也？」

〔三〕「此兩爻」，謂周易節六三、同人初九爻辭。

〔四〕「定之」至「斷也」，周易繫辭上傳文。

1.10

論時

王仲淹曰：「趨時有六動焉，吉凶悔吝所以不同。」〔一〕其説善矣。然「趨時」之義，不可不辨也。

〔一〕「趨時」至「不同」，文見王通中説卷七述史篇。

近代説易，所謂「時」者，皆似有一時於此而衆人趨之爾。故其象君臣者，皆若同朝；象上下者，皆若同事。其爲「時」也，既局於一而不通；其「趨時」也，又以互相牽合而説義多不貫。此則講解之大患也。

夫時也者，六位莫不有焉，各立其位以指其時，非必如並生一世、並營一事者也。如言屯也、蹇也，莫不有屯焉，莫不有蹇焉，不必皆言濟時之艱難、平時之險阻也；大有也、豫也，莫不有所有焉，莫不有所豫焉，不必皆言際明盛之朝、值和樂之世也。〔一〕如此，則何至局於一而不通乎？

〔一〕「際」，遇也。

且莫不有屯矣，則初有初之屯，五有五之屯，非五因初而「屯膏」也；〔二〕莫不有豫矣，則四有四之豫，五有五之豫，非五因四而「貞疾」也。〔三〕如此，則何至互相牽合而說不貫乎？

〔二〕周易屯初九爻辭云：「盤桓，利居貞，利建侯。」九五爻辭云：「屯其膏，小貞吉，大貞凶。」

〔三〕周易豫九四爻辭云：「由豫，大有得。勿疑，朋盍簪。」六五爻辭云：「貞疾，恒不死。」

蓋必其所謂時者，廣設而周於事；所謂動而趨時者，隨所處而盡其理，然後有以得聖人貞一羣動之心，而於辭也幾矣。是故一世之治亂窮通，時也；一身之行止動靜，亦時也。因其人、因其事，各有時焉，而各趨之云爾。不然，則何以曰「冒天下之道」，而「百姓與能」乎？〔一〕

〔一〕「冒天下之道」，周易繫辭上傳文。「百姓與能」，周易繫辭下傳文。

1.11

論位

考象傳凡言「位當」、「不當」者，獨三、四、五三爻爾，初、二皆無之。蓋所謂「位」者，雖以爻位言，然實借以明分位之義。初居卦下，上處卦外，無位者也。〔一〕二雖有位，而未高者也。惟五居尊，〔二〕而三、四皆當高位，故言「位當」、「不當」者，獨此三爻詳焉。

〔一〕李光地云：「初、上但以時之始終論者爲多，若以位論之，則初爲始進而未當事之人，上爲既退而在事外之人也，故謂之無位。然此但言其正例耳。若論變例，則如屯、蒙、復、臨之初，大有、觀、大畜、頤之上，皆得時而用事，蓋以其爲卦主故也。」（周易折中卷首義例）

〔二〕李光地云：「五亦有時不以君位言者，則以其卦義所取者臣道，不及於君故也。」（同上）

凡言「位當」、「位正當」者，皆謂德與位稱也。不然，則謂時位有所適當，而必善所以處之也。凡言「位不當」、「未當」者，皆謂德不稱位也。不然，則謂時位有所未當，而必善所以處之也。

大傳曰：「列貴賤者存乎位。」〔一〕則知爻位有六，而貴者惟此三爻矣。以象傳之言「位當」、「位不當」者，施於此三爻而不及其他，故知借爻位以明分位之義也。

〔一〕「列貴」至「乎位」，周易繫辭上傳文。李光地云：「爻位有上下尊卑，故有以『列貴賤』，而變存乎其閒矣。」（周易觀象卷十繫辭上傳）

或曰：「二雖未高，然亦有位焉，何以不言也？」曰：據大傳「其柔危，其剛勝邪」，〔一〕「柔之爲道，不利遠者」，〔二〕則三、五宜剛者也，四宜柔者也，二反宜剛者也。三、四、五以當爲善，不當爲不善，二則反以不當爲善。〔三〕故當、不當之義，不得而施於此爻也。

〔一〕「其柔」至「勝邪」，周易繫辭下傳文。

〔二〕「柔之」至「遠者」，周易繫辭下傳文。

〔三〕「二」，陳本同，榕村本誤作「三」。

然其於三也，有言「不當」者矣，未有言「當」者也。於四也，有言「當」者矣，未有言「正當」者也。惟五言「正當」，其言「不當」者，獨大壯五而已，而又反以不當爲善。〔一〕蓋三危位也，以柔居之，固不當；以剛居之，亦未必當也，此其所以「多凶」也。〔二〕四近位也，以剛居之，固不當；以柔居之，亦僅止於當而已，此其所以「多懼」也。〔三〕五尊位也，以剛居之，爲正當；以柔居之，有柔之善焉，雖不當，猶當也，此其所以「多功」也。

〔一〕周易大壯六五爻辭云：「喪羊于易，无悔。」象辭云：「『喪羊于易』，位不當也。」李光地云：「『位當』、『位不當』，易例多借爻位，以發明其德與時、地之相當、不相當也。此『位不當』，不止謂以陰居陽、不任剛壯而已，蓋謂四陽已過矣，則五所處非當壯之位也。於是而以柔中居之，故爲『喪羊于易』。」（周易折中卷十二象下傳）

〔二〕周易繫辭下傳云：「三與五，同功而異位。三多凶，五多功，貴賤之等也。」

〔三〕周易繫辭下傳云：「二與四，同功而異位，其善不同。二多譽，四多懼，近也。」

1.12

論德

何以謂之「德」也？

有根於卦者焉，健順、動止、明説之類是也；有生於爻者焉，剛柔、中正之類是也。德無常善，適時爲善。故健順、動止、明説之德，失其節則悖矣；剛柔之道，逆其施則拂矣。

屯，宜用動者也；蹇，宜用止者也。豐，宜用明者也；困，宜用説者也。需，宜用剛者也；訟，宜用柔者也。賁，宜用剛者也；噬嗑，宜用柔者也。家人，宜用剛者也；旅，宜用柔者也。推此類之，則所謂德之善者可見矣。

惟中也、正也，則無不宜也，而中爲尤善，何也？易之義，莫重於「貞」。然亦有「貞凶」者矣，有「貞吝」、「貞厲」者矣，其事未必不是也，而逆其時而不知變，且以爲正而固守焉，則凶危之道也。中則義之精而用之妙，凡所謂健順、動止、明説、剛柔之施，於是取裁焉。先儒所謂「中則無不正」者，[一]此也。

[一]程頤云：「理善莫過於中，中則無不正者，而正未必得中也。」（二程粹言卷上論道篇）

○或曰：「易之卦爻，於『貞』蓋諄諄焉，其於『中行』僅數四見而已，〔一〕何也？」

〔一〕周易泰九二爻辭云：「包荒，用馮河，不遐遺，朋亡，得尚于中行。」復六四爻辭云：「中行獨復。」益六三爻辭云：「有孚中行，告公用圭。」六四爻辭云：「中行，告公從，利用爲依遷國。」夬九五爻辭云：「莧陸夬夬，中行无咎。」是周易卦爻於「中行」凡五見也。云「僅數四見」者，不確。

曰：正理可識而中體難明，非深於道者不能知，是故難以察察言也。存其義而没其名，則聖教之精也。自乾、坤二卦，固皆利於貞矣，然所謂二用者，則中之極而貞之源也。其餘卦之諸爻，居得其正者多矣，而亦鮮以正許之者。惟二與五得其正者，固曰「以中正」也；〔二〕或不得其正者，亦曰「中以行正」也。〔三〕是則中道之大，而易教之至也。

〔二〕周易需九五爻辭云：「需于酒食，貞吉。」象辭云：「『酒食，貞吉』，以中正也。」李光地云：「九五中正，有貞德也。『貞吉』，爲占者戒爾。」（周易觀象卷二上經二需）

〔三〕周易未濟九二爻辭云：「曳其輪，貞吉。」象辭云：「九二『貞吉』，中以行正也。」程頤云：「九二得正而『吉』者，以『曳輪』而得中道乃正也。」（伊川易傳卷八下經未濟）朱熹云：「九居二本非正，以中故得正也。」（周易本義卷六象下傳第四）李光地云：「程子言『正未必中，中無不正』。故凡九二、六五皆非正也，而多言『貞吉』者，以其中也。惟此象傳釋義最明。」（周易折中卷十二象下傳）

「然則『存其義而没其名』者，何也？」

曰：六十四卦、三百八十四爻，所繫皆中也。然必曰「如是則得其正」，則人皆知道義之是守矣。倘必曰「如是乃得其中」，則有誤於依違兩可、混同無辨者，而不自知其非也。故舜之智，必問察乎善，而後執其中；顔子之賢，擇乎中庸，而必得其善。正非中，則正之實未至；中非正，則中之名亦易差。聖人所以尊中之道而略其名，精求乎正之實而必廣其教者，此也。

1.13 論應

自王輔嗣説易多取應爻爲義，歷代因之。考之夫子彖、象傳，言應者蓋有之，然亦觀爻之一義爾。若逐爻必以應言，恐非周公之意，亦非孔子所以釋經之旨也。以經、傳之例觀之，上下兩體，陰陽相求，固其正矣。然彖傳有以衆爻應一爻者，亦有以一爻應衆爻者，乃不拘於兩體二爻之對，比、小畜、同人、大有、豫之類皆是也。

有時義所宜，以陰應陰而吉、以陽應陽而吉者，又不拘於陰陽之偶，晉、小過之「王母」、「祖妣」，〔二〕睽、豐之「元夫」、「夷主」之類皆是也。〔三〕

〔二〕周易晉六二爻辭云：「受茲介福，于其王母。」小過六二爻辭云：「過其祖，遇其妣；不及其君，遇其臣，无咎。」

〔三〕周易睽九四爻辭云：「遇元夫，交孚，厲无咎。」豐九四爻辭云：「遇其夷主，吉。」

有以承乘之爻爲重者，則雖有應爻而不取，如觀之「觀光」、蹇之「來碩」、姤之「包魚」、鼎之「金鉉」，〔二〕而隨則有「失丈夫」之失，觀則有「闚觀」之醜，姤則有「无魚」之凶，〔三〕此類皆是也。

〔二〕周易觀九二爻辭云：「觀國之光，利用賓于王。」蹇上六爻辭云：「往蹇來碩，吉，利見大人。」姤九二爻辭云：「包有魚，无咎，不利賓。」鼎六五爻辭云：「鼎黃耳，金鉉，利貞。」

〔三〕周易隨六二爻辭云：「係小子，失丈夫。」觀六二爻辭云：「闚觀，利女貞。」姤九四爻辭云：「包无魚，起凶。」

其餘但就其爻之時位、才德起義而不繫於應者，不可勝數，而欲一一以應義傅會之，則鑿矣。況爻所謂應者，必隔二位而相應，例也，不隔則非應矣。今有相應而爲某爻間隔之説，又有某爻起而爭應之説，豈非鑿之又鑿者乎？説經者因此而不通，所謂至今爲梗者矣。經、傳又無此意，亦奚重而不更也？

○凡應，惟二、五之應最吉，蓋皆有中德，而又各居當時之位也。其次，則初、四間有取焉。三、上取應義絶少，其善者又加少也。〔一〕易之道，陰暗求於陽明，不以陽求陰也；上位求於下位，不以下求上也。

〔一〕李光地云：「以應言之，四與初猶或取相應之義，三與上則取應義者絶少矣。其故何也？四，大臣之位也。居大臣之位，則有以人事君之義，故必取在下之賢德以自助，此其所以相應也。上居事外，而下應於當事之人，則失清高之節矣。三居臣位，而越五以

應上，則失勿二之心矣。此其所以不相應也。」（周易折中卷首義例）

故凡六五、九二之有取於應義，則無不吉者。爲以陰求陽德，上而下交，則在上者有虛中之美，居下者有自重之實，蒙、師、泰、大有之類是也。〔一〕如取應義者在於九五、六二，則時義所當，亦有相助之善。然求陽者在於下位，則往往有戒辭焉，屯、比、同人、萃之類是也。〔二〕

〔一〕李光地云：「以九二應六五者，凡十六卦，皆吉。蒙之『子克家』，師之『在師中』，泰之『得尚于中行』，大有之『大車以載』，蠱之『幹母蠱』而『得中道』，臨之『咸臨，吉，无不利』，恒之『悔亡』，大壯之『貞吉』，睽之『遇主于巷』，解之『得黄矢』，損之『弗損益之』，升之『利用禴』，鼎之『有實』，皆吉辭也。惟大畜之『輿説輹』，則時當止也；歸妹『利幽貞』，則時當守也；未濟『曳輪，貞吉』，則時當待也，亦非凶辭也。」（周易折中卷首義例）

〔二〕李光地云：「以六二應九五，亦十六卦，則不能皆吉，而凶吝者有之。如否之『包承』也，同人之『于宗，吝』也，隨之『係小子，失丈夫』也，觀之『「闚觀」，可醜』也，咸之『咸其腓，凶』也，皆非吉辭也。屯之『屯如邅如』，遯之『鞏用黄牛』，蹇之『蹇蹇，匪躬』，既濟之『喪茀，勿逐』，則以遭時艱難，而顯其貞順之節者也。惟比之『自内』也，无妄之『利有攸往』也，家人『在中饋，貞』也，益之『永貞』也，萃之『引吉，无咎』也，革之『巳日乃孚』也，漸之『飲食衎衎』也，皆適當上下合德之時，故其辭皆吉。夫子所謂『其要无咎，其用柔中』者，信矣。」（同上）案：李氏引「其要」至「柔中」，周易繫辭下傳文。

初與四亦然。如六四、初九取應義，是四求初也，則吉，屯、賁、頤、損是也；〔一〕如九四、初六取應義，是初求四也，則凶，大過、解、姤、鼎是也。〔二〕然吉者在四，而在初者不可變，上雖下交，而下不可以失己也；凶者在初，而在四者與之凶，下既援上，則上未免爲失人矣。

〔一〕李光地云：「四之應初而吉者，亦惟以六四應初九耳。蓋初九爲剛德之賢，而六四有善下之美，故如屯、賁之『求婚媾』也，頤之『虎視眈眈』也，損之『使遄有喜』也，皆吉也。」（周易折中卷首義例）

〔二〕李光地云：「若九四應初六，則反以下交小人爲累，大過之『不橈乎下』、解之『解而拇』、鼎之『折足』是也。」（同上）

三、上或取應義，皆非吉者，若蒙、頤、睽、夬、豐、中孚之類。惟剥之三與陽應，損之三當益上，於時義有取焉，故二爻無凶辭爾。

○承乘者，謂之「比」。凡比爻，惟上體所取最多。蓋四承五，則如人臣之得君；五承上，則如人主之尊賢。主於五，故其近之者皆多所取也。然四之承五，惟六四、九五當之；五之承上，惟六五、上九當之。〔一〕非然者，則亦無得君、尊賢之義。惟隨之五、上稍變斯例，以時義「剛來下柔」故爾。〔二〕其餘九五比上六者，皆爲剛德之累；上六從九五者，則爲從貴之宜，非尊賢者比也。〔三〕

〔一〕李光地云：「以比言之，惟五與上或取相比之義，餘爻則取比義者亦絶少。其故何也？五，君位也，尊莫尚焉，而能下於上者，則尚其賢也，此其所以有取也。然亦惟六五遇上九，乃取斯義。蓋上九爲高世之賢，而六五爲虚中之主。故如大有、大畜之六五、上九，孔子則贊之以『尚賢』；頤、鼎之六五、上九，孔子則贊之以『養賢』，其辭皆最吉。」（周易折中卷首義例）

〔二〕周易隨彖辭云：「隨，剛來而下柔，動而説，隨。」

〔三〕李光地云：「若以九五比上六，則亦反以尊寵小人爲累，如大過之『老婦得其士夫』，咸之『志末』，夬之『莧陸』，兑之『孚于剥』，皆是也。獨隨之九五下上六，而義有取者，卦義『剛來下柔』故爾。」（同上）

下體三爻，所取比義至少。初與二、二與三閒有相從者，隨其時義，或吉或否。至三與四，則隔體，無相比之情矣；〔二〕亦有因時變例取者，隨三、萃三是也。〔三〕

〔一〕李光地云：「初與二，二與三，三與四，非正應而相比者，或恐陷於朋黨比周之失，故其義不重。」（周易折中卷首義例）

〔二〕周易隨六三爻辭云：「係丈夫，失小子。隨有求得，利居貞。」李光地云：「六三一陰，去初既遠，則不爲陽所下，而上從於九四，是『係丈夫』而『失小子』也。以下從上，以陰從陽，則雖係之而實隨之。四有德位，故三有求而必得，然與卦『以剛下柔』之義相反，懼有苟合不正之嫌，惟以正道自居，則無不利矣。」（周易觀象卷四上經四隨）萃六三爻辭云：「萃如，嗟如，无攸利。往无咎，小吝。」李光地云：「卦惟二陽，爲萃之主，而初、二應之。三無所應，故『萃如』而『嗟如』，无所利也。然承、比之閒，有『相從』之義。其以異體相從者，隨之三、四是也。三與四比，則可以往而求萃矣。蓋當萃

之時，利有攸往，故其『往』爲『无咎』，與初六同。然非正應也，故不免於『小吝』。」（周易觀彖卷七下經二萃）

1.14　論易象像物

「象也者，像也。」〔一〕故或其卦取於物象而爻當之，則遂以其義之吉凶斷，而爻德猶其次也。

〔一〕「象也者，像也」，周易繫辭下傳文。

如：屯所以爲屯者，以其雷在下而未起也，初爲震主當之，故曰「盤桓」；〔一〕又以其雲在上而未下也，五爲坎主當之，故曰「屯膏」。〔二〕

〔一〕周易屯初九爻辭云：「盤桓，利居貞，利建侯。」

〔二〕周易屯九五爻辭云：「屯其膏，小貞吉，大貞凶。」

需所以爲需，以其「雲上於天」也，〔一〕九五坎主當之，故爲「飲食宴樂」也。〔二〕

〔一〕周易需象辭云：「雲上於天，需。君子以飲食宴樂。」

〔三〕周易需九五爻辭云：「需于酒食，貞吉。」李光地云：「剛而中正，備『有孚』、『亨貞』之德，且坎主天位，正所謂『雲上於天』者也。有德、有位，當需之時而能需，則惟飲食宴樂，休養順俟，而功化成矣。此得需之正而『吉』者，故因以爲占戒。」（周易觀象卷二上經二需）案：李氏引「有孚」、「亨貞」，周易需彖辭文。

履之六三説而承乾，本卦之主，然因象言「咥人」，〔一〕而三適當兑口之缺，有「受咥」之象，故其傳曰「位不當也」，〔二〕言其直口之位爲不當也。

〔一〕周易履卦辭云：「履虎尾，不咥人，亨。」

〔二〕周易履六三象辭云：「『咥人』之『凶』，位不當也。」李光地云：「『位不當』，謂正當口處也。凡易者，象也。卦有取象而爻適當之者，則多不論爻德，而以象爲吉凶，況若此爻之不中不正者乎？」（周易觀象卷三上經三履）

頤之初九本有剛德，能自守者也，以其與上共爲「頤」象，而頤之爲物，其動在下，故曰「朵頤」，而得「凶」也。〔一〕

〔一〕周易頤初九爻辭云：「舍爾靈龜，觀我朵頤，凶。」

咸、艮以人身取象，故咸二雖中正，以直腓位而「凶」；〔二〕艮四雖不中正，以

直背位而「无咎」。〔三〕

〔一〕周易咸六二爻辭云：「咸其腓，凶。居吉。」「直」，通「值」，當也。

〔三〕周易艮六四爻辭云：「艮其身，无咎。」李光地云：「四在心之上、口之下，與咸之『脢』同，乃背位也。象與卦合，又以柔正而居上體，故爲『艮其身』而『无咎』。然不直言『艮其背』者，『艮其背』則不獲其身矣，不待制也；止之於身，則猶待於制，四雖柔正而不中故也。」（周易觀彖卷八下經三艮）

歸妹之「凶」，〔一〕以女少而自歸故也。初九適當「娣」象，則不嫌於少且自歸矣；〔二〕六五適當「帝女」之象，則亦不嫌於自歸矣，故皆得「吉」也。〔三〕

〔一〕周易歸妹卦辭云：「征凶，无攸利。」李光地云：「此卦之義，漸之反也。漸『女歸吉，利貞』，故歸妹『征凶，无攸利』。『征』者，言其往之時也。『无攸利』者，究言其終竟。」（周易觀彖卷八下經三艮）

〔二〕周易歸妹初九爻辭云：「歸妹以娣，跛能履，征吉。」李光地云：「下卦三爻，皆女之卑者，而初尤居下，故有『娣』象。男女以年鈞爲配，而女必待聘而行。然惟妾媵，則不論其年之鈞敵與禮之齊備，從嫡而適，固其常也。」（周易觀彖卷八下經三歸妹）

〔三〕周易歸妹六五爻辭云：「帝乙歸妹，其君之袂不如其娣之袂良，月幾望，吉。」李光地云：「婚姻之義，皆男求女，獨帝女下嫁，以女求男。此爻適當其象，則『歸妹』之義，不徒無凶，而反吉矣。又以其有中德，則能謙沖儉約以下夫家，如月之下與日交而望，是以『吉』也。」（同上）

節取澤與水爲通塞，九二適在澤中，則塞之至也，故雖有剛德而「凶」也。〔一〕

〔一〕周易節九二爻辭云：「不出門庭，凶。」李光地云：「二居下體之中，可行之時也。可行而止，則爲『失時』義而『凶』矣。二之爻德，非不善也。以卦取澤水爲通塞，閉坎水之下流，而二正在其中，此所以爲『失時』之義。故曰：『象也者，像也。』」（周易觀彖卷九下經四節）

凡若此類，以爻德比、應求之，多所不通；惟明於象像之理，則得之。

又有卦雖取其象而爻義不應者，則有變例。如：噬嗑「頤中有物」，〔一〕則初、上兩爻象頤噬人者也，九四一爻象物噬於人者也。然既以「用獄」爲卦義，〔二〕則用刑者有位之事，故又變其所取之象以從爻

位，四反爲刑獄之主，初、上反爲受刑之人也。〔三〕

〔一〕周易噬嗑彖辭云：「頤中有物，曰噬嗑。」

〔二〕周易噬嗑卦辭云：「亨，利用獄。」李光地云：「物有閒者，噬而合則通矣，故其占『亨』。『用獄』者，所以去天下之閒也。」（周易觀象卷四上經四噬嗑）

〔三〕李光地云：「九四於卦，噬齧之物也；在爻，則反爲用刑之主。初、上象頤，噬物者也；在爻，則反爲受刑之人。蓋卦論統體，爻則有上下貴賤之位，故其取象不同如此。」（同上）

1.15 論六爻取象之異

有一卦六爻專取一事、一物爲象，而或一爻別取者，則其義因以異矣。如：需諸爻皆取「沙、泥、郊、穴」之象，而五獨曰「需于酒食」，〔一〕則以五爲需之主，有需之德而所需之安也。

〔一〕周易需九五爻辭云：「需于酒食，貞吉。」李光地云：「需之爲義最廣，其大者莫如王道之以久而成化，而不急於淺近之功；聖學之以寬而居德，而不入於正助之弊。卦惟九五剛健中正以居尊位，是能盡需之道者，故象傳特舉此爻以當彖辭之義，而大象傳又特取此爻爻辭以蔽需義之全。」（周易折中卷一上經需）

蠱諸爻皆象「父母」，而上獨曰「不事王侯」，〔一〕則以上九居卦之上，無復承於「父母」之象，人未有不事父母者，故曰「不事王侯」也。

〔一〕周易蠱上九爻辭云：「不事王侯，高尚其事。」李光地云：「父母，尊者也，故下卦則取諸所應，上卦則取諸所承。凡以陰遇陰、以陽遇陽及以陰遇陽，皆曰『父』，無嫌於稱『父』也。獨以陽遇陰，則曰『母』，不可以稱『父』也。上雖無復『父母』之象，然不可言『不事父母』，故曰『不事王侯』也。」（周易觀彖卷四上經四蠱）

咸諸爻皆取「身」象，惟四不取者，〔一〕四直心位，〔二〕因之以論心之感應，而所該者廣也。

〔一〕周易咸九四爻辭云：「貞吉，悔亡。憧憧往來，朋從爾思。」李光地云：「三陽居中，而九四又居三陽之中，心之象也。且自下而上，正當心位，故因之而明感應之理。人心之用，感應而已，故不言『咸其心』，以別於諸爻也。」（周易觀彖卷六下經一咸）

〔三〕「直」，通「值」，當也。

大壯諸爻取「羊」者三，〔一〕其曰「壯趾」、曰「藩決」，〔二〕亦「羊」象也，惟二不取者，〔三〕有中德而居下體，不任壯者也。

〔一〕周易大壯九三爻辭云：「羝羊觸藩，羸其角。」六五爻辭云：「喪羊于易，无悔。」上六爻辭云：「羝羊觸藩，不能退，不能遂。」

〔二〕周易大壯初九爻辭云：「壯于趾，征凶，有孚。」九四爻辭云：「貞吉，悔亡。藩決不羸，壯于大輿之輹。」

〔三〕周易大壯九二爻辭云：「貞吉。」李光地云：「二與四皆以剛居柔，不過於剛，故『貞吉』之辭同。蓋以剛居柔非正也，然乃處壯之宜，則正道在是矣。四曰『悔亡』，此爻直曰『貞吉』者，中以行正故也。」（周易觀象卷六下經一大壯）

蹇諸爻皆取「往來」爲象，惟二、五不言者，〔一〕五，尊位，二，王臣之位，義不避難，無往來者也。

〔一〕周易蹇六二爻辭云：「王臣蹇蹇，匪躬之故。」九五爻辭云：「大蹇朋來。」李光地云：「二、五獨無『往來』之文，蓋君臣相與濟蹇者，其責不得辭，而於義無所避。猶之遯卦

諸爻皆『遯』，六二獨以應五，而固其不遯之志也。」（周易折中卷五下經蹇）

艮諸爻亦取「身」象，惟上不取者，〔一〕九三雖亦艮主而直心位，然止未極也，至上而後止極，則盡止之道者也。

〔一〕周易艮上九爻辭云：「敦艮，吉。」項安世云：「上九與三相類，皆一卦之主也。然九三當上下之交，時不可止而止，故『危』；上九當全卦之極，時可止而止，故『吉』。」（周易玩辭卷十）

若此之類，皆其權於義者精，故其取於象者審也。

或曰：「四，近君之位。蹇不取四爲『王臣』而取二，〔一〕何也？」

〔一〕周易蹇六二爻辭云：「王臣蹇蹇，匪躬之故。」

曰：四，近也；二，遠也。當蹇之時，爲近臣者與君同心，「來連」而已。〔二〕若冒險阻而濟艱難，則遠臣之事也，故曰「同功而異位」。〔三〕

〔二〕周易蹇六四爻辭云：「往蹇來連。」李光地云：「『連』者，連於五也。五有剛德，六四承而連之，可以濟險。」（周易觀彖卷六下經一蹇）

〔三〕周易繫辭下傳云：「二與四，同功而異位，其善不同。」

1.16

論六爻辭稱名之異

六爻之辭，多稱卦名以起其端，例也；然有稱、有不稱者，則義亦異矣。如：同人六爻皆當言「同人」，然惟三、四不言者，既有「伏莽」、「乘墉」之象，〔一〕則非同人也。

〔一〕李光地云：「三居下卦之極，同而異之際也。過剛無應，則是猜狠而不和之甚。故升高陵之上，而伏戎於林莽，以喻與上爲敵。四亦無應，無應則不同而相攻矣。居上攻下，故有乘墉以攻之象。」（周易觀象卷三上經三同人）

豫六爻皆當言「豫」，然惟二、五不言者，既有「介石」之操、「貞疾」之警，則非豫也。

隨六爻皆當言「隨」，然初、二、五、上不言，而惟三、四言之，則以陽倡陰隨，理之正也。初、二、五、上以剛隨柔，雖合時義，而非隨之正；三、四以柔隨剛，雖非時義，而得隨之正也。〔二〕

〔二〕龔煥云：「隨卦諸爻皆以陰陽相隨爲義，三、四皆无正應，相比而相隨者也。」（見周易本義集成卷一）李光地云：「卦惟三、四不正，又其相隨也，剛上柔下，反乎卦義。以陰隨陽，於唱隨之道獨得其常也，故卦惟兩爻言『隨』，餘則陽爻言『交』、言『孚』，陰爻言『係』而已。蓋剛雖下柔，而陽無隨陰之義；陰爲陽所下，又不可以隨陽爲言。聖人於辭義之間，其嚴如此。」（周易觀彖卷四上經四隨）

蠱之諸爻言「蠱」，而惟上不言，蓋蠱者，事也，上「不事王侯」，〔一〕則無事矣。然事之壞也，自人心始。上之志可則，則其事莫高而莫尚焉。〔二〕

〔一〕周易蠱上九爻辭云：「不事王侯，高尚其事。」李光地云：「上無所承，無復父母之象，又在事之外，無事者也，故其象爲『不事王侯』。」（周易觀彖卷四上經四蠱）

〔二〕項安世云：「居蠱之終，則无事之時也；在蠱之外，則不當事之人也。然當事者以幹蠱爲事，不當事者以高尚爲事，亦各其事也，故不曰『无事』，而曰『高尚其事』。」（周易玩辭卷四）

噬嗑諸爻言「噬」，惟初、上别取，初、上噬於人者也，不可言「噬」也。〔一〕

〔一〕周易噬嗑初九爻辭云：「屨校滅趾，无咎。」上九爻辭云：「何校滅耳，凶。」李光地云：「初、上象頤，噬物者也；在爻，則反爲受刑之人。蓋卦論統體，爻則有上下貴賤之位，

故其取象不同如此。」（周易觀彖卷四上經四噬嗑）

離諸爻皆不言「離」，惟二、三言「離」，諸爻皆直昏夜及昏明之際，〔一〕惟二、三直日中與日昃也。

〔一〕「直」，通「值」，當也。下同。

遯諸爻皆言「遯」，惟二不言，二應五，不可遯者也。〔一〕

〔一〕李光地云：「二應五，有心膂之臣之象，不可遯者也。故諸爻皆言『遯』，而此爻不言，明不當遯也。」（周易觀彖卷六下經一遯）

明夷諸爻皆言「明夷」，惟上不言，諸爻皆明而夷者，上則夷人之明，而非明夷也。

夬諸爻惟三、五言「夬」，一近陰，一應陰，當夬之任者也。〔一〕

〔一〕「近陰」者，謂夬九五；「應陰」者，謂夬九三也。

姤諸爻惟上言「姤」，去初最遠。言「遇」者，幸其不遇也。〔一〕

〔一〕周易姤彖辭云：「姤，遇也，柔遇剛也。」

歸妹惟二、上不言「歸妹」，一不歸，一無所歸也。〔一〕

〔一〕「不歸」者，謂歸妹九二；「無所歸」者，謂歸妹上六也。

豐惟初、五不言「豐」，一則未至日中，一則有以處乎日中也。〔一〕

〔一〕「未至日中」者，謂豐初九；「處乎日中」者，謂豐六五也。

旅惟五爻不言「旅」，旅之最貴者，則非旅也。〔一〕

〔一〕程頤云：「六五有文明柔順之德，處得中道而上下與之，處旅之至善者也。五居文明之位，有文明之德，故動必中文明之道也。五君位，人君无旅，旅則失位，故不取『君』義。」（伊川易傳卷八下經旅）

渙惟初爻不言「渙」，渙之初，則猶未渙也。〔一〕

〔一〕胡炳文云：「五爻皆言『渙』，初獨不言者，救之尚早，可不至於渙也。」（周易本義通釋卷二下經節）

節惟初、二不言「節」，過而後節，節之初，則無所事節也。〔一〕

〔一〕李光地云：「節卦六爻，皆以澤、水二體取義，澤者止，水者行。節雖以『止』爲義，然必可以通行而不窮，乃爲節之『亨』也。初、二兩爻，一在澤底，一在澤中。在澤底者，水之方瀦，不出宜也；在澤中，則當有蓄洩之道，不可閉塞而不出也。」（周易折中卷八

下經節）

中孚惟五爻言「孚」，〔一〕德既中正，而又化邦之主也。

〔一〕周易中孚九五爻辭云：「有孚攣如，无咎。」李光地云：「九五剛而中正，爲『孚』之主，有化邦之任，故『有孚攣如』，而後可以『无咎』。『攣如』，謂固結而不可解。」（周易觀象卷九下經四中孚）

既、未濟兩卦，惟未濟三爻言「未濟」，〔一〕他爻之既、未濟，皆時之爲也，惟未濟之三，時可濟矣而不濟，則才之爲也，故特言「未濟」以别之也。〔二〕

〔一〕周易未濟六三爻辭云：「未濟，征凶，利涉大川。」

〔二〕李光地云：「既、未濟諸爻無舉卦名者，惟此爻言『未濟』。蓋諸爻所處者時也，故不舉其時而意自明；此爻内卦之極，時可濟矣而陰柔不中，正可濟而不濟，是未濟在己而不在時，故特曰『未濟』，見其失時也。疑事無功，故以『征』則『凶』，然惟施於『涉大川』則『利』。蓋『涉大川』又險之甚者，雖當可爲之時，而險難之大者，則不妨於疑慎，是反以『未濟』爲『利』也。」（周易觀象卷九下經四未濟）

餘卦、餘爻如此類者，皆可以義理推。

周易通論卷二

大學士李光地撰

2.1 彖傳釋名總例

凡釋名，須上有一字起，下有一字結；或止用一字起，而以虚字助辭結之；或止用一字結，皆正體也。

「蒙，山下有險，險而止，蒙。」「訟，上剛下險，險而健，訟。」「小畜，柔得位而上下應之，曰小畜。」「同人，柔得位、得中而應乎乾，曰同人。」「大有，柔得尊位大中而上下應之，曰大有。」「豫，剛應而志行，順以動，豫。」「隨，剛來而下柔，動而説，隨。」「蠱，剛上而柔下，巽而止，蠱。」「恒，久也。剛上而柔下，雷風相與，巽而動，剛柔皆應，恒。」「解，險以動，動而免乎險，解。」「革，水火相息，二女同居，其志不相得，曰革。」以上十一卦，皆以卦名起，以卦名結。

「需，須也，險在前也。剛健而不陷，其義不困窮矣。」「履，柔履剛也。」「剥，剥也，柔變剛也。」「大過，大者過也。」「大壯，大者壯也。」「蹇，難也，險在前也。見險而能止，知矣哉！」「夬，決也，剛決柔也。」「姤，遇也，柔遇剛也。」「困，剛揜也。」「鼎，象也。以木巽火，亨飪也。」「中孚，柔在内而剛得中，〔二〕說而巽，孚乃化邦也。」以上十一卦，皆以卦名起，虚字結。

〔二〕「内」原作「外」，榕村本、陳本同，今據注疏本改。

「頤中有物，曰噬嗑。」「明入地中，明夷。」「巽乎水而上水，井。」以上三卦，皆只用卦名結。

右凡二十五卦。

有總釋名、辭而義實分釋者。如：泰、否之「上下交」、「不交」，是釋名；「内外」、「消長」，是釋辭。觀之「大觀在上」，是釋名；「順巽中正」，是釋辭，卻總舉名、辭而總釋之也。然泰、否舉名、辭於前，是順釋體；觀舉名、辭於後，是反釋體。故觀復著「下觀而化也」一句，以足文意也。「下觀」是名意，承「大觀在上」；「而化」是辭意，承「順巽中正」。〔一〕

〔一〕李光地云：「此釋名、辭，如泰卦之例而倒其文。『大觀在上』，以二陽居上言之，釋卦名也。卦德『順而巽』，則是内積中和而養德也至，外能巽入而感人也深。九五以中正居尊，則是有中正之德以觀示天下，釋卦辭也。先舉卦義於前，然後連引名、辭於後，此又一例。然又申之曰『下觀而化也』者，蓋大觀在上則下觀之矣，有順巽中正之德則觀之而化矣，又合名、辭而總釋其意也。」（周易觀彖卷四上經四觀）

右凡三卦。

有雖已釋名而文意不斷者，其義爲下釋辭之所根也。

如：臨之「剛浸而長」，〔一〕无妄之「剛自外來而爲主於内」，〔二〕晉之「明出地上」，睽之「火動而上，澤動而下。二女同居，其志不同行」，皆名義已釋，而下無助字結之，乃根其義以通釋辭也。〔三〕

〔一〕李光地云：「卦所以爲臨，『剛浸而長』也。如此，則應再著『臨』字，如蒙卦之例。不然，亦應著『也』字，如履卦之例。而與下文不復離别者，蓋根釋名之義，兼以釋辭。」（周易觀象卷四上經四臨）

〔二〕李光地云：「『外』者，外卦也。欲假乾之卦象以爲天德，故言『自外來』，見『爲主於内』者之爲天德爾。『内』者，内卦也。内卦震，以初之一陽爲主，故曰『爲主於内』。」（周易觀象卷五上經五无妄）

〔三〕李光地云：「釋名而語勢未斷，即是其義亦與釋辭相連，臨、无妄等卦之例也。」（周易觀象卷六下經一睽）

損之「損下益上，其道上行」，益之「損上益下，民説无疆，自上下下，其道大光」，亦當從此例。但前四卦皆終舉其辭，損、益二卦則先舉其辭，爲稍别爾。

右凡六卦。

有衆義皆切卦名而又可以分釋辭者。

如：「剛柔始交而難生，動乎險中」、「雷雨之動滿盈」，皆卦所以爲屯。分

之，則「始交而動」是釋「亨」，「難生險中」是釋「貞」，「雷動滿盈」是釋「建侯」也。〔一〕

〔一〕周易屯卦辭云：「元亨，利貞。勿用有攸往，利建侯。」

「柔來文剛」、「剛上文柔」、「文明以止」，皆卦所以爲賁。分之，則「柔來文剛」是釋「亨」，「剛上文柔」是釋「小利有攸往」。又，「文明」亦有「亨」義，「以止」亦有「小利攸往」之義也。〔一〕

〔一〕周易賁卦辭云：「亨。小利有攸往。」

「剛健篤實輝光，日新其德，剛上而尚賢，能止健」，皆卦所以爲大畜。〔一〕分之，則「利貞」兼衆義，「不家食，吉」由「尚賢」，「利涉大川」由「止健」也。〔二〕

〔一〕李光地云：「『剛健篤實』，所蘊者大矣；『剛上尚賢』，所養者大矣；『止健』，所止者大矣。然皆順乎正理，故『大』而『正』也。」（周易觀彖卷五上經五大畜）

〔二〕周易大畜卦辭云：「利貞。不家食，吉。利涉大川。」

「柔上剛下，二氣感應，止而説，男下女」，皆卦所以爲咸。分之，則「剛柔」、「感應」是釋「亨」，「止而説」是釋「貞」，「男下女」是釋「取女，吉」也。〔一〕

〔一〕周易咸卦辭云：「亨，利貞。取女，吉。」

然四卦之體不同。屯之三象於名義皆切，故但舉卦名於前，便足見義，而遂分釋其辭。賁之剛柔相交，於卦義未明，故既曰「文剛」、「文柔」，又曰「天文也」、「人文也」，釋辭之後轉結卦名，以申其意也。大畜卦義即含「正」義，〔二〕故既以「大正」總釋名、辭，又以「尚賢」爲「養賢」，「止健」爲「應天」，釋下二句之義也。〔三〕咸則舉卦名以包諸義，而總釋其辭，以咸辭之義分屬明白故爾。

〔二〕「含」，陳本同，榕村本誤作「舍」。

〔三〕李光地云：「分『尚賢』之義，以釋『不家食，吉』。變『尚』言『養』，以『食』言也。又分『止健』之義，以釋『利涉大川』。」（周易觀象卷五上經五大畜）

右凡四卦。

有以卦名連辭一字釋者。

如：「『師』，衆也。『貞』，正也。能以衆正，可以王矣」，〔一〕「以衆正」指九二，是以卦體釋名而兼「貞」義。

〔一〕朱熹云：「此以卦體釋『師貞』之義。『以』，謂能左右之也。一陽在下之中，而五陰皆爲所以也。能以衆正，則王者之師矣。」（周易本義卷三彖上傳第三）

「比，吉也。比，輔也，下順從也」，〔二〕「下順從」指九五，是以卦體釋名而兼「吉」義。

〔二〕孔穎達云：「『比，吉也』者，言相親比而得吉也。『比，輔也』者，釋比所以得吉。『下順從』者，謂衆陰順從九五也。」（周易正義卷二上經比）

「『復亨』，剛反」，〔一〕指一陽，是以卦體釋名而兼「亨」義。然「『復亨』，剛反」下無虚字，文意未斷，即連「動而以順行」，而釋「出入无疾，朋來无咎」之義，如前臨卦及无妄等例也。〔二〕

〔一〕邱富國云：「『剛反』，言剥之一剛，『窮上反下』而爲復也。」（見周易大全卷九）

〔二〕李光地云：「以『剛反』兼釋『復亨』，與『師貞』、『比吉』同例。又根此義及動順之德，以釋『出入无疾，朋來无咎』，與臨卦同例。『動而以順行』，謂震動有爲而以和順行之。」（周易觀象卷五上經五大畜）

「『遯亨』，遯而亨也」，下一「遯」字指四陽遯去，是以卦體釋名而兼「亨」義。

「家人，女正位乎内，男正位乎外。男女正，天地之大義也」，〔一〕「男女正位」指六爻之位，是以卦體釋名而兼「貞」義。

〔一〕程頤云：「彖以卦才而言，陽居五，在外也，陰居二，處内也，男女各得其正位也。尊卑内外之道正，合天地陰陽之大義也。」（伊川易傳卷五）

「小過，小者過而亨也」，「小者過」指卦陰畫，是以卦體釋名而兼「亨」義也。〔一〕

〔一〕李光地云：「此釋義與『遯而亨也』同。遯非得已之事，然必遯而後『亨』；小過亦非得已之事，然必過而後『亨』，故其釋義同也。」（周易折中卷十彖下傳小過）

右凡六卦。

有卦名似無凶而實凶者，則先論其理，而後及卦義之不善，以釋卦名，蓋變例也。

「歸妹，天地之大義也。天地不交，而萬物不興。歸妹，人之終始也」，〔一〕如此則歸妹未有不善。惟卦德「説以動」、卦象「所歸者妹」，〔二〕則是以情欲而動，不以禮行，此名卦之意也。加一「所」字，便見男不下女而失待聘之節，以少從長而非年德之配矣。

〔一〕朱熹云：「釋卦名義也。『歸』者，女之終，生育者，人之始。」（周易本義卷四彖下傳第二）

〔二〕李光地云：「將言歸妹之『凶』，而先言其本『天地之大義』，猶姤言『柔遇剛』之失，而又推本於天地相遇之正也。由此言之，陰陽原不可以相無，而惟當慎之始以防其敝者，是易之道也。」（周易折中卷十彖下傳歸妹）

〔三〕周易歸妹象辭云：「説以動，所歸妹也。」朱熹云：「又以卦德言之。」（周易本義卷四彖下傳第二）李光地云：「卦德『説以動』，則與咸之『止而説』者異矣。卦象女先於男，是所欲歸者妹也；又以少女從長男，是所歸者乃妹也。『所歸妹』一句兼此二意，可見其失於禮，又悖於義也。夫『説以動』，則徇乎情；『所歸妹』，則不能止乎禮義，此卦之所以凶乎？本義以卦德言之，實則兼卦德、卦象在內。」（周易折中卷十彖下傳歸妹）

右一卦。

有非卦所以名，而於所以名卦之意甚切者，則用「故」字以别之，「順以説，剛中而應，故聚也」、〔二〕「明以動，故豐」是也。〔三〕蓋萃、豐所以名者，義在大象，此則推其所以致此之由，將以明其所以處此之道也。「剛以動，故壯」亦然，但其名義，上句已釋爾。

〔二〕李光地云：「『順以說，剛中而應』，非正釋卦名，乃就卦德而推原所以聚者，以起釋辭之端也。蓋『順以說』，是以順道感格，起『假廟』、『用牲』之意；『剛中而應』，是有德者居位而上下應之，起『見大人』、『有攸往』之意。」（周易折中卷十彖下傳萃）

〔三〕李光地云：「『明以動，故豐』，亦非正釋名義，乃推明其所以致豐之故，以起釋辭之端，與壯、萃同。『以』字與『而』字不同：『而』字有兩意；『以』字只是一意，重在首字。如以剛而動，所以致壯，可見處壯者之必『貞』也；以順而說，所以致聚，可見處萃者之必『順』也；以明而動，所以致豐，可見處豐者之必『明』也。卦、爻之義，皆欲其明而防其昏，故傳先發此義，以示玩辭之要。」（周易折中卷十彖下傳豐）

右凡二卦。

有卦名義在於大象而彖傳無釋者，則直釋辭而已，升、漸、旅、渙、節、既濟、未濟是也。

右凡七卦。

有名義不專在大象而彖傳又無釋者，則以卦爻互發可見，或其義別見，則不更釋也。

如：謙所以成卦，本由一陽爲卦主而居下體，有「謙退」之象，而「地山」之義次之；頤所以成卦，本以外實中虛，「頤口」之象，而「山雷」之象次之。然彖傳皆無明釋，則以謙三之辭與卦辭同，[一]其爲成卦之義甚明；頤之前有噬嗑卦，「頤中有物，曰噬嗑」，則頤象亦已明，故皆不釋。

[一]周易謙卦辭云：「亨。君子有終。」九三爻辭云：「勞謙，君子有終，吉。」

右凡二卦。

釋名之後、釋辭之前有懸設一義者，皆以足卦意而起釋辭之端也。

如：夬釋名之後曰「健而説，決而和」，是起「揚于王庭」以下意。〔一〕

〔一〕李光地云：「『健而説，決而和』者，言卦之善，以起釋辭之意。『健』故能『決』，『説』故能『和』。自『揚庭』、『孚號』以下，皆所謂『決而和』也。」（周易觀象卷七下經二夬）

井釋名之後曰「井養而不窮也」，是起「改邑不改井」以下意。

鼎釋名之後曰「聖人亨以享上帝，而大亨以養聖賢」，是起下釋「元亨」諸義。〔一〕

〔一〕李光地云：「釋名之後，繼以『享帝』、『養賢』兩句，指明卦義之所主也。與井『養而不窮也』對觀之，便明。蓋彼主養民，此主『享帝』、『養賢』。而『享帝』之實，尤在於『養賢』也。」（周易折中卷十象下傳鼎）

右凡三卦。

八純卦無以卦體釋名義者。蓋八卦德象，説卦已具，重卦之象，大象又已明，無可更釋故也。惟「習坎，重險也」，〔二〕似釋重卦之意，然實因卦名加「習」字，推明其理，非正釋也。「重巽以申命」，〔三〕又是因「重巽」而推出「申命」之義，亦非正釋。

〔二〕孔穎達云：「釋『習坎』之義。『險』，難也。若險難不重，不爲至險，不須便習，亦可濟也。今險難既重，是險之甚者，若不便習，不可濟也。故注云：『「習坎」者，習重險也。』」（周易正義卷三上經坎）

〔三〕李光地云：「義與『習坎，重險也』相似。『重險』，所以有『更習於坎』之象；『重巽』，所以有『申復命令』之象。」（周易觀象卷九下經四巽）

2.2 論彖傳釋名所取

彖傳釋名，有專取一義者，有兼取數義者。然其兼取數義者，必以首句之義爲重。

○坎釋名下曰：「水流而不盈。」離釋名下曰：「日月麗乎天，百穀草木麗乎土。」艮釋名下曰：「時止則止，時行則行，動靜不失其時，其道光明。」巽則直曰：「『重巽以申命。』」亦是懸設一義以起釋辭之端，如夬、井、鼎諸卦例。

如：「動乎險中」、「雷雨滿盈」，皆屯意也。然震、坎之相繼也，震一陽在陰下，初生而必奮；坎一陽在陰中，被陷而必出，則「始交難生」之義於屯最重也。〔一〕

〔一〕朱熹云：「以二體釋卦名義。『始交』，謂震；『難生』，謂坎。」（周易本義卷三彖上傳第一）李光地云：「震陽動陰下爲『始交』，坎陽陷陰中爲『難生』。震繼以坎，是剛柔始交而難生也。剛柔始交，治亂之際。凡亂極將治，多難必生，如欲曉必驟暗，將春而陡寒，蓋陰陽相薄，自然之理也。」（周易觀象卷二上經二屯）

内陷溺而外阻塞，亦蒙意也。〔二〕然天下之叢翳而幽昧者，莫如巖崖之下、谿壑之間，則「山下有險」之義於蒙最重也。

〔二〕周易蒙彖辭云：「蒙，山下有險，險而止，蒙。」侯果云：「艮爲山，坎爲險，是『山下有險』。險被山止，止則未通，蒙昧之象也。」（見周易集解卷二）

内陰險而外强健，亦訟意也。〔三〕然天下之訟所以多者，由於罔密文峻而姦宄不勝，則「上剛下險」之義於訟最重也。

〔三〕周易訟彖辭云：「訟，上剛下險，險而健，訟。」程頤云：「訟之爲卦，上剛下險，險而又健也；又爲險健相接，内險外健，皆所以爲訟也。若健而不險，不生訟也；險而不健，不能訟也。險而又健，是以訟也。」（伊川易傳卷一）毛璞云：「『上剛下險』，以彼此言之。『險而健』，以一人言之。」（見厚齋易學卷七）

又如：剛柔、上下之卦甚多，〔一〕而隨、蠱、咸、恒必以此爲稱首者，則以隨二體及六爻皆「剛下柔」也，蠱二體及六爻皆「剛上柔」也，咸「柔上剛下」，二少也，少則情通，恒「剛上柔下」，二長也，長則分定，是皆諸卦所不得同者。

〔一〕李光地云：「彖傳中有言『剛柔』、『往來』、『上下』者，皆虚象也。先儒因此而卦變之説紛然。然觀泰、否卦下『小往大來』、『大往小來』云者，文王之辭也，果從何卦而往、何卦而來乎？亦云有其象而已耳，故依王、孔注、疏作虚象者近是。」（周易折中卷九彖上傳訟）

至於大畜名卦，以小畜反觀及以六爻之辭玩之，宜若「止健」之義爲重。〔一〕然大畜者，所畜之大也。〔二〕至大者，莫如天德之剛健；能畜天德者，莫如艮體之篤實。故中庸言「達天德」，而必推本於闇然尚絅之心。〔三〕其義莫尚焉，故首揭之也。

〔一〕李光地云：「此言『止健』者，蓋『畜』爲『止』義。小畜亦『止健』者，而巽體有未能止

之勢，此則艮體能止健矣。止雖艮德，而實卦義，與他處言卦德者不同也。」（周易觀象卷五上經五大畜）

〔二〕鄭汝諧云：「『畜』有三義：以『畜養』言之，畜賢也；以『畜止』言之，畜健也；以『蘊畜』言之，畜德也。養賢而推之以及萬民，『畜養』之大者。乾剛天下之至健，四、五能畜之，『畜止』之大者。『剛健篤實輝光』，而其德日新，『蘊蓄』之大者。三者所以爲大畜也。」（易翼傳卷二）李光地云：「『剛健篤實』，所蘊者大矣；『剛上尚賢』，所養者大矣；『止健』，所止者大矣。」（周易觀象卷五上經五大畜）

〔三〕禮記中庸云：「詩曰『衣錦尚絅』，惡其文之著也。故君子之道，闇然而日章；小人之道，的然而日亡。」鄭玄注云：「言君子深遠難知，小人淺近易知。人所以不知孔子，以其深遠。禪爲絅。錦衣之美而君子以絅表之，爲其文章露見，似小人也。」（見禮記正義卷五十三）又，禮記玉藻云：「禪爲絅。」鄭玄注云：「有衣裳而無裏。」（見禮記正義卷二十九）

又如：卦名有主於兩象者，則彖傳或不之及，如既、未濟之類；又或彖、象傳同文，如晉、明夷之類；或則雖兼取而首舉之，如睽、革之類。

總之，以首一句之義爲重也。

2.3 論彖傳釋辭

文王名卦繫辭，所以觀象者深矣，故總會其綱以命名，又旁通其義以繫辭。辭之於卦，如榦之連於根也。後之玩辭者，但以卦名之義推説其理，似亦足矣；然當日繫辭之意，既博觀乎卦中所緼以盡其言，則言皆有依據，而非虚説。此則周公六爻所因以繫，而爻辭於彖辭，又如枝葉之連於榦也。

夫子彖傳既以卦義釋名矣，至其釋辭也，不離乎卦名之意，而復推廣卦義，以得其所據依，一則以盡文王觀象之藴也，一則以起周公爻義之端也。無夫子之傳，則文王之彖既無以見其藴之包涵，周公之爻又無以見其端之從起。

是故蒙之二、五「志應」，足以發「求我」、「求蒙」之藴矣，〔一〕而爻所謂「包蒙」、「童蒙」者，〔二〕此其端也。師之「剛中而應」，〔三〕足以發「師貞，丈人」之藴矣，〔四〕而爻所謂「帥師」、「錫命」者，〔五〕此其端也。

〔一〕周易蒙卦辭云：「匪我求童蒙，童蒙求我。」

〔二〕周易蒙九二爻辭云：「包蒙吉，納婦吉，子克家。」六五爻辭云：「童蒙，吉。」

〔三〕朱熹云：「『剛中』，謂九二。『應』，謂六五應之。」（周易本義卷三彖上傳第三）

〔四〕周易師卦辭云：「師貞，丈人，吉无咎。」李光地云：「『貞』承『師』字爲義，言師出必以正，而又以丈人主之，則功可成而無後患，吉且『无咎』也。」（周易觀彖卷二上經二師）

〔五〕周易師九二爻辭云：「在師中，吉无咎，王三錫命。」六五爻辭云：「長子帥師，弟子輿尸，貞凶。」

推之諸卦，無不皆然。至有卦象深微，彖辭渾蓄，微彖傳而其爻義遂不可知者，晉、升之類是也。然則「觀彖辭」而「思過半」者，非上智不能。〔一〕惟以夫子之彖傳爲據，以得乎彖辭之義，則其於六爻也，不亦可以推而通乎？

〔一〕周易繫辭下傳云：「知者觀其彖辭，則思過半矣。」李光地云：「彖辭之繫，文王蓋統觀六爻以立義者，如屯則以初爲侯，蒙則以二爲師，師則以二爲將，比則以五爲君，其義皆先定於彖，爻辭不過因之而隨爻細别耳。其爻之合於卦義者吉，不合於卦義者凶，故彖辭爲綱領而爻其目也，彖辭爲權衡而爻其物也。總之於綱，則目之先後可知；審之於權衡，則物之輕重可見。夫子彖傳既參錯六爻之義以釋辭，示人卦、爻之不相離矣，於此又特指其要而切言之，讀易之法莫先於此。」（周易折中卷十五繫辭下傳）

2.4

論二體象傳

卦之名不盡取於象也，然而取於象者多矣。是故夫子之以彖傳釋卦也，卦象、卦德、爻義蓋兼取焉，而又專立一傳，特揭兩象以明卦意。〔一〕

〔一〕李光地云：「象者，卦之上、下兩象及兩象之六爻，周公所繫之辭也。」（周易折中卷十一象上傳）

「易者，象也」，〔二〕本天道以言人事，此夫子特揭之指也。約之則有三例：

〔二〕「易者，象也」，周易繫辭下傳文。

有卦名所以取者，地天爲泰、天地爲否、火地爲晉、地火爲明夷、澤水爲困、水澤爲節、水火爲既濟、火水爲未濟之類是也。

有卦名雖别取，而象意亦甚切者。一陽統衆，所以爲師，而「地中有水」亦似之；〔一〕一陽御下，所以爲比，而「地上有水」亦似之。〔二〕一陽來反，所以爲復，而「地中有雷亦其時也；〔三〕一陰始生，所以爲姤，而「天下有風」亦其候也。〔四〕此類皆是也。

〔一〕周易師象辭云：「地中有水，師。」

〔二〕周易比象辭云：「地上有水，比。」

〔三〕周易復象辭云：「雷在地中，復。」

〔四〕周易姤象辭云：「天下有風，姤。」

有卦名别取，象意本不甚切，而理亦可通者。隨之爲隨，「剛來下柔」也；「澤中有雷」，陽氣下伏，亦有其象焉。〔一〕蠱之爲蠱，「剛上柔下」也；「山下有風」，陰氣下行，亦有其象焉。〔二〕四陽居中，則爲大過；「澤」之「滅木」，亦氣盛而大過之象也。〔三〕四陰居外，則爲小過；「山上有雷」，亦氣微而小過之象也。〔四〕此類皆是也。

〔一〕周易隨彖辭云：「隨，剛來而下柔。」象辭云：「澤中有雷，隨。」

〔二〕周易蠱象辭云：「蠱，剛上而柔下。」象辭云：「山下有風，蠱。」

〔三〕周易大過象辭云：「澤滅木，大過。」

〔四〕周易小過象辭云：「山上有雷，小過。」

其言君子之體卦德者，亦有三例：

有直以卦意言者，乾之「自彊」、坤之「厚德」、師之「容民畜衆」、比之「建國」「親侯」、噬嗑「明罰敕法」、頤「慎言語，節飲食」之類是也。

有就卦意而推廣言之者，晉之「自昭」、明夷之「用晦」、損之「懲忿窒慾」、益之「遷善」「改過」之類是也。

有本卦意而偏指一事言者，豫之「作樂」、隨之「宴息」、革之「作歷」、〔一〕渙之「立廟」之類是也。

〔一〕「作歷」，周易革象辭作「治歷」。李光地蓋以意言之。

然謂君子之體卦德者，蓋謂其修身治世之道與之相倣，非直謂其因此之時，行此之事。

如：「天地交，泰」，則萬物生；君子「裁成」、「輔相」，則萬物各遂其生，非偏言開治之時「裁成」、「輔相」也。〔一〕「天下雷行」，則萬物育；君子「對時」、「育物」，則萬物各得其性，非偏言雷行之時「茂對」、「育物」也。〔二〕「雷風」至變，而有常理；君子之行，亦至變而有常度，非偏言變動之時「立不易方」也。〔三〕「洊雷」震肅，以作其氣；君子之行，亦震肅以厲其心，非偏言震驚之時「恐懼修省」也。〔四〕

〔一〕周易泰象辭云：「天地交，泰。后以財成天地之道，輔相天地之宜，以左右民。」

〔二〕周易无妄象辭云：「天下雷行，物與无妄。先王以茂對時、育萬物。」

〔三〕周易恒象辭云：「雷風，恒。君子以立不易方。」

〔四〕周易震象辭云：「洊雷，震。君子以恐懼修省。」

凡卦之象，皆當以此觀之。

2.5 論六爻象傳

夫子釋六爻之辭，其義至精，而文甚簡。學者往往失其解者，一則忽略視之，以爲湊足之詞；二則就文求之，失其立文之意。由是不足以發明爻義，且因以病乎爻義者，多矣！

如：「同人于郊，无悔」，本善也，因「志未得」之辭，則以爲荒僻。〔一〕「鳴謙，利用行師」，本善也，因「志未得」之辭，則以爲質柔。〔二〕「咸其脢，无悔」，本善也，因「志末」之辭，〔三〕則以爲絶感。〔四〕不知「于郊」，固善也，惟未至「于野」，故其「志未得」，而僅「无悔」也。「鳴謙」，固善也，惟其謙之至，故志不自得，雖可「用行師」，而但自治「邑國」也。「咸脢」何以善也？惟其近上六之「末」，而志爲之動，故必「咸其脢」，而後可以「无悔」也。不然，卦義「于野」而曰「亨」矣，〔五〕何止於「无悔」哉？「利用行師」，雖德威遠及，可矣，何但「征邑國」哉？爲咸之主，雖感人心，可矣，何必「咸其脢」哉？

〔一〕周易同人上九爻辭云：「同人于郊，无悔。」象辭云：「『同人于郊』，志未得也。」

〔二〕周易謙上六爻辭云：「鳴謙，利用行師，征邑國。」象辭云：「『鳴謙』，志未得也。」

〔三〕「志末」原作「志未得」，疑涉上文而誤，今據陳本改。榕村本作「志未」，亦非。

〔四〕周易咸九五爻辭云：「咸其脢，无悔。」象辭云：「『咸其脢』，志末也。」

〔五〕周易同人卦辭云：「同人于野，亨。」

又如：「无妄」而有疾，雖「勿藥」而可愈也。〔一〕「三歲」而不出乎「叢棘」，則「凶」也。〔二〕「有孚惠心」，雖「勿問」而「元吉」可致也。〔三〕此以文義觀之，固如此也。不知「无妄之疾」，則決不可試以藥矣。〔四〕在「叢棘」之中，三歲而不變，則終凶；若或克變，則止於凶三歲矣。〔五〕「有孚惠心」，蓋所以盡吾心焉，其下之應、不應，則不當復問之矣。〔六〕不然，无妄而藥，無乃患得患失，而反爲妄乎？納之圜土之中，所以使之更習於險，改心易行，豈錮其終身乎？施惠於人而問其應，豈所謂「欲仁而得仁」，〔七〕又焉貪乎？凡此之類，皆以單辭發爻微意，或增減移換其文，而爻意乃益備焉。

〔一〕周易无妄九五爻辭云：「无妄之疾，勿藥有喜。」

〔二〕周易坎上六爻辭云：「係用徽纆，寘于叢棘，三歲不得，凶。」

〔三〕周易益九五爻辭云：「有孚惠心，勿問，元吉。」

〔四〕周易无妄九五象辭云：「无妄之藥，不可試也。」

〔五〕周易坎上六象辭云：「上六失道，凶三歲也。」

〔六〕周易益九五象辭云：「『有孚惠心』，勿問之矣。」

〔七〕「欲仁而得仁」，論語堯曰篇文。

又如：「未順命也」、「未受命也」、「志不舍命也」，〔一〕解者亦復淺略。不知臨、晉，勢之盛也，而君子持盈慎動，不曰「時可爲」也；姤，幾之微也，而君子修德回天，不曰「時不可爲」也。故曰「君子不謂命」也。〔二〕

〔一〕周易臨九二象辭云：「『咸臨，吉，无不利』，未順命也。」晉初六象辭云：「『裕无咎』，未受命也。」姤九五象辭云：「『有隕自天』，志不舍命也。」

〔二〕「君子不謂命」，孟子盡心下文。趙岐注云：「凡人歸之命祿在天而已，不復治性。以君子之道，則修仁行義，修禮學知，庶幾聖人亹亹不倦，不但坐而聽命，故曰『君子不謂命』也。」（見孟子注疏卷十四上）

又如：「包荒，得尚于中行」，〔一〕「『萃有位』，志未光也」，〔二〕「『王居，无咎』，正位也」，〔三〕説者以爲省文而已。不知「包荒」其本也，然無下三者，則非光大而不合乎「中行」矣。〔四〕若無「元永貞」之德，但以「有位」萃天下，〔五〕則「志未光」矣。「渙汗大號」，則雖時當渙，而「王居」且「无咎」矣。〔六〕

〔一〕「包荒」至「中行」，周易泰九二爻辭。

〔二〕「萃有」至「光也」，周易萃九五象辭文。

〔三〕「王居」至「位也」，周易涣九五象辭文。

〔四〕周易泰九二爻辭云：「包荒，用馮河，不遐遺，朋亡，得尚于中行。」李氏云「下三者」，謂「用馮河，不遐遺，朋亡」也。

〔五〕周易萃九五爻辭云：「萃有位，无咎。匪孚，元永貞，悔亡。」

〔六〕周易涣九五爻辭云：「涣汗其大號，涣，王居，无咎。」李光地云：「凡易中『號』字，皆當作平聲，爲『呼號』之『號』。在常人，則是哀痛迫切，寫情輸心也；在王者，則是至誠懇惻，發號施令也。『涣王居』，『涣』字當一讀。言其大號也如涣汗然，足以通上下之壅塞，回周身之元氣，則雖當涣之時，而以王者居之，必得『无咎』矣。」（周易折中卷八下經涣）

又如：「上六『无實』，承虛筐也」，〔一〕「『曳其輪』，義无咎也」，〔二〕兩義而偏舉，説者亦以爲省文而已。不知歸妹之卦以女爲主，惟女無信，故士無義，故曰「承虛筐」也，明上六爲「女」象也；〔三〕既濟之時以「濡尾」爲咎，惟「曳輪」，則

雖濡而可返，故曰「義无咎」也，明初九爲「尾」象也。〔四〕

〔一〕「上六」至「筐也」，周易歸妹上六象辭文。李光地云：「上，震體，有『筐』象；三，兑體，有『羊』象。專釋『承筐』者，明上六之爲『女』也。」（周易觀彖卷八下經三歸妹）

〔二〕「曳其」至「咎也」，周易既濟初九象辭文。

〔三〕周易歸妹上六爻辭云：「女承筐，无實；士刲羊，无血，无攸利。」李光地云：「『承筐』而『无實』，『刲羊』而『无血』，蓋士、女相紿，無約結之實也，必不終矣。彖云『征凶，无攸利』，惟此爻當之。」（同上）

〔四〕周易既濟初九爻辭云：「曳其輪，濡其尾，无咎。」李光地云：「既濟之初，可以濟而猶未可輕濟也。初居下，當濟時，有『濡尾』之象。然有剛正之德，故能『曳其輪』而不進，則雖『濡其尾』，而『无咎』矣。蓋欲進而即止，臨事而懼者也，故『无咎』。」（周易觀彖卷九下經四既濟）

凡此，皆文義之宜，非省文也。

以上舉其説之最失者爾，餘亦皆以湊足之詞視之而忽略不思。故其忽略者，既於爻義無所發明，而其説之失者，則因以誤解爻義而重爲之蔽也。此象傳之學，所以最切於學者，而不可不講者與？

2.6 卦變辨

易中言「剛柔」、「上下」、「往來」者，〔一〕先儒皆以卦變之法推之，故其爲説甚多。今直依古注，但以虛象説「上下」、「往來」之義，則所謂「上下」、「往來」者，與「内外」之義同爾。

〔一〕李光地云：「彖傳中有言『剛柔』、『往來』、『上下』者，皆虛象也。先儒因此而卦變之説紛然。然觀泰、否卦下『小往大來』、『大往小來』云者，文王之辭也，果從何卦而往、何卦而來乎？亦云有其象而已耳，故依王、孔注、疏作虛象者近是。」（周易折中卷九彖上傳訟）

如：訟「剛來而得中也」，〔二〕是指九二剛中。因在内卦，故謂之「來」，不必有所自來也。

〔二〕「剛來而得中也」，周易訟彖辭文。李光地云：「謂九二居内卦而得中也。」（周易觀彖

卷二上經二訟）

隨「剛來而下柔」，〔一〕蠱「剛上而柔下」，〔二〕是兼二體與爻畫而言。二體，震剛下於兑柔，艮剛上而巽柔下。爻畫，隨初剛下於二、三之柔，四、五之剛下於上柔；蠱二、三之剛上於初柔，上剛上於四、五之柔也，亦因其卦體、爻位内外而論「往來」、「上下」也。

〔一〕「剛來而下柔」，周易隨彖辭文。孔穎達云：「『剛』，謂震也；『柔』，謂兑也。震處兑下，是『剛來下柔』。」（周易正義卷三上經隨）

〔二〕「剛上而柔下」，周易蠱彖辭文。

噬嗑「柔得中而上行」，〔一〕與訟同義。

〔一〕「柔得中而上行」，周易噬嗑彖辭文。

賁「柔來文剛，分剛上而文柔」，〔一〕亦兼二體及爻畫而言。離内艮外，是「柔來」、「剛上」也。爻畫，則六二之柔居於内卦，是來文初、三之剛；上九之剛居卦之外，是上文四、五之柔也。

〔一〕「柔來」至「文柔」，周易賁彖辭文。李光地云：「或疑：『「剛上」、「文柔」言「分」，何也？』曰：末附於本，理也，豈可謂本附於末乎？使末反於本，而其中之本自在也，豈非其一本之分乎？如枝葉則附於根種，及枝葉成實，而復歸於種。無非一種之分而已，其中之根種固在也。」（周易觀象卷四上經四賁）

无妄「剛自外來而爲主於内」，〔一〕亦與訟同義。然不第曰「來」而必曰「自外來」者，將以明乾爲天德，而震得其初畫，以切无妄之義。正如賁之「剛」上添一「分」字，將以明「剛主柔輔、柔來文剛」宜也，無「剛往文柔」之理，直以剛節柔之過乃自其爲主者而分之，而主未嘗動也。此等文法，是因道理精微，著字發明，非有殊指。

〔一〕「剛自」至「於内」，周易无妄彖辭文。李光地云：「或疑：『他卦皆直言「剛來」、「柔來」，此言「自外來」，何也？』曰：『外』者，外卦也。欲假乾之卦象以爲天德，故言『自外來』，見『爲主於内』者之爲天德爾。『内』者，内卦也。内卦震，以初之一陽爲主，故曰『爲主於内』。」（周易觀象卷五上經五无妄）

大畜「剛上而尚賢」者，〔二〕上居九上，六五下之，即有「尚賢」之象。此義與大有「尚賢」同，皆是以上九爲賢，六五尚之，非是上九尚六五之賢也。

〔一〕「剛上而尚賢」，周易大畜彖辭文。李光地云：「『剛上尚賢』，謂自下乾體而上，以極於上。猶无妄言『剛來爲主』，謂自外乾體而來，以主於內也。」（周易觀彖卷五上經五大畜）

咸「柔上剛下」，恒「剛上柔下」，〔二〕專指二體，不指爻畫，與訟之「上剛下險」同。〔三〕但訟之「上下」字爲實字，如「內外」之類；咸、恒之「上下」字爲虛字，如「往來」之類也。

〔二〕「柔上剛下」，周易咸彖辭文。「剛上柔下」，周易恒彖辭文。

〔三〕「上剛下險」，周易訟彖辭文。

晉「柔進而上行」，指六五居上體。〔一〕睽「柔進而上行」同。〔二〕

〔一〕「柔進而上行」，周易晉彖辭文。李光地云：「『康侯』之象，卦惟九四一陽，進而近君，其義當之矣。然爻辭凶厲，則知所取在五而不在四。『柔進上行』，所以發明卦意而起爻義也。」（周易觀彖卷六下經一晉）

〔二〕「柔進而上行」，周易睽彖辭文。

蹇「往得中也」，謂九五；〔一〕解「往得衆也」，謂六五；「乃得中也」，謂

九二，〔二〕皆以「内外」言「往來」。〔三〕

〔一〕「往得中也」，周易蹇彖辭文。李光地云：「蹇卦之義，在乎進止得宜。爻之『往來』，即進止也。九五雖不言『往來』，而傳明其爲『中節』，則進止之宜不失，可以濟難而不至於犯難矣。」（周易觀彖卷六下經一蹇）

〔二〕「往得衆也」、「乃得中也」，周易解彖辭文。

〔三〕榕村本「來」下有「也」字。

損「損下益上」，益「損上益下」，〔一〕亦是就爻畫取「往來」、「上下」之義。

〔一〕「損下益上」，周易損彖辭文。「損上益下」，周易益彖辭文。

升「柔以時升」，〔一〕指六四、六五在上卦得位。

〔一〕「柔以時升」，周易升彖辭文。李光地云：「『柔以時升』之義，或主四言，或主五言，或主上體之坤而言。然卦之有六四、六五及坤居上體者多矣，皆得名爲『升』乎？則其説似皆未確。蓋『時升』者，固以坤居上體而四、五得位言也，然惟巽爲下體，故其升也有根。」（周易折中卷十彖下傳升）

鼎「柔進而上行」，〔一〕與晉、睽同。

〔一〕「柔進而上行」，周易鼎彖辭文。

漸「進得位」，專指九五進居尊位，故申之曰「其位，剛得中」也。〔一〕

〔一〕「進得位」、「其位，剛得中」，周易漸彖辭文。

旅「得中乎外而順乎剛」，指六五。〔一〕

〔一〕「得中」至「乎剛」，周易旅彖辭文。王宗傳云：「用剛非旅道也，故莫尚乎用柔。然柔不可過也，故莫尚乎得中。以六居五，得中位而屬外體，麗乎二剛之間，故曰『柔得中乎外而順乎剛』。」（童溪易傳卷二十四）

渙「剛來而不窮」，指九二；「柔得位乎外而上同」，指六四上承九五。〔一〕

〔一〕「剛來而不窮」、「柔得」至「上同」，周易渙彖辭文。李光地云：「『九二剛來爲主於内，則是有聚渙之本而不窮矣。六四柔得位乎外卦，而上同于九五，則是主臣相助而有聚渙之資矣。』」（周易觀彖卷九下經四渙）又云：「『剛來而不窮』者，固其本也；『柔得位乎外而上同』者，致其用也。固本則保聚有其基，致用則聯屬有其具。」（周易折中卷十彖下傳渙）

以上二十卦，皆以「内外」二體取「往來」、「上下」爲義，不因卦變而取。且如否、泰陰陽往來，文王彖辭已言之，乃是以内三爻、外三爻通寓「往來」之象，豈亦可以卦變推乎？故卦變之説，於先儒無所折中，然不若古注直指卦體、爻畫虛象之爲愈也。

2.7 論對卦

易有兩卦反對而義互相發者，往往當以首尾顛倒觀之。

○泰與否對。

其初爻雖皆曰「拔茅茹」，[一]然泰之所謂「征吉」者，否盡泰來也，即「傾否」之時也；[二]否之所謂「貞吉」者，泰極否來也，即「復隍」之候也。[三]

[一] 周易泰初九爻辭云：「拔茅茹，以其彙，征吉。」否初六爻辭云：「拔茅茹，以其彙，貞吉亨。」

[二] 周易否上九爻辭云：「傾否，先否後喜。」孔穎達云：「處否之極，否道已終。此上九能

傾毀其否，故曰『傾否』也。『先否後喜』者，否道未傾之時，是『先否』之道；已傾之後，其事得通，故曰後有喜也。」（周易正義卷二上經否）

〔三〕周易泰上六爻辭云：「城復于隍，勿用師，自邑告命，貞吝。」李光地云：「泰極否來，如城圯而復於隍也，不可力爭於遠，但當修德於近。『自邑告命』者，勤於内治之象也。若固守其常，以爲可以力爭，羞辱難免矣。」（周易觀彖卷三上經三泰）

泰之二，即否之五，一則致泰之主爻，一則休否之主爻。泰之主所以在二者，「上下交」，〔一〕則其責在下，且大者來，而二之「光大」當之也。〔二〕否之主所以在五者，「上下不交」，〔三〕則其責在上，且大者往，而五之「大人」當之也。

〔一〕「上下交」，周易泰彖辭文。

〔二〕周易泰九二象辭云：「『包荒，得尚于中行』，以光大也。」

〔三〕「上下不交」，周易否彖辭文。

泰之三，即否之四，一則於泰而見否之幾焉，一則於否而見泰之兆焉，有以防之則食福矣，有以迓之則「離祉」矣。〔一〕

〔一〕「迓」，迎也。

泰之四，即否之三。四當「上下交」而近下，又以陰虚而能下賢，是以交孚也；三當「上下不交」而近上，又以不中正而或上援，是以「包羞」也。泰之五，即否之二。五居尊而處下交之世，必如帝乙之歸妹，則得「元吉」矣；二應五而值不交之時，「包承」不可也，必也固守其「否」，而後道「亨」矣。泰於二、三著「往來」之義，於四、五著「交泰」之義。否於四、五著「往來」之義，於二、三著「不交」之義。非獨其象之反對。不爲小人謀者，理固當然也。〔一〕

〔一〕李光地云：「泰『交』之義繫之四、五，否『不交』之義繫之二、三，何也？曰：泰之四、五而以消長爲義，則須取陰長之象；否之二、三而以消長爲義，亦須取陰長之象。聖人不取，而取諸卦義之交、不交，聖人之情可見矣。雖然，交之時必在上者誠以求之，泰之四、五當上位，故發『下交』之義也；不交之時必在下者善以處之，否之二、三在下位，故發『不交』之義也。此皆法象之自然者，而『爲君子謀，不爲小人謀』之意因以見焉。」（周易觀彖卷三上經三否）案：李氏引「爲君」至「人謀」，張載語，見正蒙卷二大易篇第十四。

泰、否諸爻之每言「包」，何也？

曰：人之荒穢，可包者也，不包則無以成乎物。己之羞辱，不可包者也，包則無以潔其身。審於二者之閒，則於處治亂之道得矣。

〇剥、復相對。

剥之上，即復之初也。故近之者吉利，剥五、復二是也；應之者亦無凶咎，剥三、復四是也；背之者凶厲，剥四、復三是也；遠之者凶，剥初、復上是也。惟剥二「凶」而復五「无悔」，此一爻不同。蓋處復時，則中德可以自成矣；處剥時，必有應與乃善。二未有與，故不免於凶，時不同故也。

〇損、益相對。

損之上，即益之初。損上受下之益，卦之主也，受下之益者不可私其有，故曰「得臣无家」也。〔一〕益初受上之益，亦卦之主也，受上之益者不可私其身，故曰「利用大作」也。〔二〕

〔一〕周易損上九爻辭云：「弗損，益之，无咎，貞吉，利有攸往。得臣无家。」李光地云：「上九爲卦之主，受益之極也，故極論受益之道，而占辭與卦同。蓋必損下而後益上，則損者至矣，烏得益乎？弗損於下而益於上，然後謂之大益，而无咎可貞，且『利有攸往』也。『得臣』，則益我者大矣，然非以之爲私人也，故曰『无家』。王者奄有四海，而非富天下，『得臣无家』之謂也。」（周易觀彖卷七下經二損）

〔二〕周易益初九爻辭云：「利用爲大作，元吉，无咎。」李光地云：「以『益下』名卦，是初卦之主也。居下受益，必其才德有過人者。故居上者利用之，以爲大作。然居下而當厚責，能致『元吉』，乃可免咎耳。」（周易觀彖卷七下經二益）

損之五，即益之二，各以中德受益，神之所依也，故皆曰「十朋之龜弗克違」。

損之四，即益之三，「損其疾」也，「用凶事」也，皆所謂動心忍性，以自增益。受之於下者，有法家拂士是也；受之於上者，爲孤臣孽子是也。

損之三，即益之四。絶私交以益上，則無二心之嫌矣；禀君命以益下，則無作福之私矣。

損之二，即益之五。益上者不貶道以失己，益下者不求報以干名，則益道之極也。

損之初，即益之上。居下受損，而未當益上之任，故戒以「酌損」；居上受損，而又非益下之位，則爲「或擊」之象而已。

○夬、姤相對。

夬之上，即姤之初也，故近之者宜深爲之防。五之「夬夬」，去之决也；二之「不利賓」，制之密也。應之者宜善爲之處。三之「壯頄」，不能决而和者也；〔一〕四之「起凶」、「取女」而不能制者也。〔二〕遠之者無害，以其勢不相及也。

〔一〕朱熹云：「『頄』，顴也。九三當夬之時，以剛而過乎中，是欲决小人，而剛壯見于面目也。如是，則有凶道矣。」（周易本義卷二下經第二）

〔二〕李光地云：「此與夬之九三同，當决陰、制陰之任，而德非中正。故一則剛壯而懷愠怒，一則疾惡而胥絶遠，無包容之量、無制服之方故也。以是爻德而適犯卦義『取女』之戒，則其『起凶』宜矣。」（周易折中卷六下經姤）

「壯于趾」而欲決之，能免咎乎？〔一〕「姤其角」而不與遇，雖「吝」，「无咎」矣。〔二〕

〔一〕周易夬初九爻辭云：「壯于前趾，往不勝，爲咎。」李光地云：「去陰尚遠，未可決之時也；一陽在下，未能決之勢也。而初有『壯趾』之象，故嚴爲之戒。『前』者，前進也。」（周易觀象卷七下經二夬）

〔二〕周易姤上九爻辭云：「姤其角，吝，无咎。」李光地云：「與陰絶遠，『姤角』之象也。無所遇，故『吝』；亦无陰之害，故『无咎』。」（周易觀象卷七下經二姤）又云：「此爻亦與夬初反對，皆與陰絶遠者也。不與陰遇，不能制陰，故可『吝』。然非其事任也，故『无咎』。此如避世之士，不能救時，而亦身不與亂者也。」（周易折中卷六下經姤）

背之者，害亦未切，故與陰相背，「臀」之象也；〔一〕不能安坐，而欲決、欲遇之，「臀无膚」而「行次且」之象也。然終未可決也，故制其壯則「悔亡」；〔二〕終不得遇也，故雖危而「无大咎」也。〔三〕

〔一〕李光地云：「『臀』者，與陰相背之物也。夬四、姤三，皆與陰連體而相背，故皆以『臀』爲象。」（周易折中卷六下經一夬）

〔二〕周易夬九四爻辭云：「臀无膚，其行次且。牽羊悔亡，聞言不信。」李光地云：「四與陰同體而相背，有『臀』之象焉。相背，則雖近而勢尚隔也，且可以坐待而不能安，如臀之无膚，不坐而行又不進也。當此之際，惟無急於前進，而自制其剛壯，則得所處之義矣。『牽』，制也。『羊』，剛壯之物也。蓋位近則義所當爲，勢隔則幾所當審，而又恐當此時位者，『聞言』之『不信』也。」（周易觀彖卷七下經二夬）

〔三〕周易姤九三爻辭云：「臀无膚，其行次且，厲，无大咎。」李光地云：「三與初同體而相背，又居巽股之上，正『臀』之象。不與陰遇，又不能自止，故亦爲『臀无膚，其行次且』。當遇之時，獨行無遇，則亦危矣。然無陰之遇，則亦不受陰之害，所以『无大咎』也。」（周易觀彖卷七下經二姤）

惟夬之二、姤之五雖不近陰，而有決陰、制陰之任焉，故憂惕呼號而變可弭矣，堅重待時而萌可消矣。

○漸與歸妹相對。

二卦皆取「女歸」之義，故六爻皆有「女」象，而不論其剛柔。然雖不論剛柔，皆取「女」象，而至於應爻，則剛柔之分不可不辨也。

蓋以剛應剛，則無應，而無「女歸」之象矣；以柔應柔，則無應，而亦無「女歸」之象矣；以剛應柔，則雖有應，而陰陽反類，亦無「女歸」之象矣。惟以柔應剛者，有「女歸」之象。故在漸惟六二、在歸妹惟六五，與「女歸」之義合，而其義最吉也。

漸之五，即歸妹之二，雖有應，而反其類者也，故曰「不孕」、曰「幽人」。漸之三，即歸妹之四，以剛應剛，故曰「不育」、曰「愆期」。漸之四，即歸妹之三，以柔應柔，本皆不善也，然六四有承五之例，故四「得桷」而三「歸娣」也。〔一〕

〔一〕周易漸六四爻辭云：「鴻漸于木，或得其桷，无咎。」李光地云：「六四無應者也，然六四承九五，例皆吉者，以陰承陽，合於『女歸』之義矣。順以事上，高而不危，故有『集木得桷』之象。」（周易折中卷七下經漸）歸妹六三爻辭云：「歸妹以須，反歸以娣。」李光地云：「『須』，女之賤者。六三位稍高，非初之比，不應爲娣者也。不中不正，而爲説主，無應於上。如以賤行之女歸人不納，則反歸爲娣而已。」（周易觀彖卷八下經三歸妹）

漸之初，即歸妹之上，以柔應柔，一則進之始也，未進者也；一則歸之終也，無歸者也。未進，則謹身遠害，雖危而「无咎」；無歸，則辱行失節，不利而終凶。漸之上，即歸妹之初，以剛應剛，固無歸義矣，然上有「師傅」之象焉，則可以爲儀；初有「媵妾」之象焉，則可以承君。蓋師傅則不嫌於老而無歸，媵妾則不嫌於少而自歸矣。

〇既濟與未濟相對。

二卦皆取「濟水」爲義。狐，善涉水者也，故二卦所謂「濡首」、「濡尾」者，皆象狐也。

既濟之上，即未濟之初。上爲首，故曰「濡首」；初爲尾，故曰「濡尾」也。既濟之初，即未濟之上。故初亦曰「濡尾」，上亦曰「濡首」。然未濟而濡尾，則躁之甚而可羞；當濟而濡尾，則第不進以免於咎而已。既濟而濡首，固不能保其濟；將濟而濡首，猶恐不能終於濟也。

既濟之五，即未濟之二。五，過時者也，故有持盈之戒；二，未及時也，故有謹進之戒也。

既濟之二，即未濟之五。既濟之善在二，故雖「喪茀」而自得；未濟之善在五，故得「无悔」而有光也。〔一〕

〔一〕周易未濟六五爻辭云：「貞吉，无悔。君子之光，有孚吉。」李光地云：「易卦有『悔亡』、『无悔』者，必先『悔亡』而後『无悔』，蓋『无悔』之義進於『悔亡』也。其四、五兩爻相連言之者，則咸、大壯及此卦是也。此卦自下卦而上卦，事已過中，向乎濟之時也。凡自晦而明、自剥而生、自亂而治者，其光輝必倍於常時，觀之雨後之日光、焚餘之山色，可見矣。」（周易折中卷八下經未濟）

既濟之四，即未濟之三。四之時將過矣，而四柔而能懼，「終日戒」之象也；三之時將及矣，而三柔而不進，此惟「涉大川」可耳，以有行則「凶」也。〔二〕

〔二〕周易未濟六三爻辭云：「未濟，征凶，利涉大川。」李光地云：「此爻之義最爲難明。蓋上下卦之交，有『濟』之義。既濟之三，剛也，故能濟；未濟之三，柔也，故未能濟。傳曰『其柔危，其剛勝邪』，於此兩爻見之矣。又既、未濟兩卦爻辭未有舉卦名者，獨此爻曰『未濟』，蓋他爻之既濟、未濟者時也，順時以處之而已；此爻時可濟矣而未能濟，是未濟在己而不在時，故言『未濟』，見其失時也。無濟之才，故於『征』則『凶』；有畏慎之心，故於『涉大川』則『利』。蓋『涉大川』不可以輕進，未濟無傷也。聖人之戒失時而又欲人審於赴時也如此。」（周易折中卷八下經未濟）

既濟之三，即未濟之四。在既濟，則三當已濟之位也；在未濟，則四當將濟之位也。故三，則「伐鬼方」而既克之象也；四，則方震動而「伐鬼方」之象也。事之既濟，則當思其難，故雖克之而曰「憊」也；事之未濟，則當行其志，故當震用而曰「志行」也。聖人命辭之審如此。

2.8 論卦名相對

有體不對而名相對者。

一陰居上體畜陽，故曰「小畜」；二陰居上體畜陽，故曰「大畜」。小畜、大畜之下三爻，皆自畜者也；其上三爻，皆畜人者也。

「復」者，返也。「復自道」也，「牽復」也，〔二〕皆能迴返自止而不進者也，有「吉」而已也。〔三〕「輿脱輻」也，〔三〕亦能自止而不進者也。三可以進矣，然小畜則畜未極也，於是而進，則「脱輹」；〔四〕大畜則畜極矣，於是而進，則安驅也。〔五〕

〔一〕周易小畜初九爻辭云：「復自道，何其咎？吉。」九二爻辭云：「牽復，吉。」李光地云：「下卦三爻，自畜者也。處下居初而有剛正之德，上應六四，爲其所畜，是能順時義而止，退復自道之象，不惟无咎，而且『吉』矣。『復』，謂返也。『牽』，制也。二，可進之位矣，然當畜時而有中德，故亦能自牽制而返復，吉之道也。」（周易觀象卷二上經二小畜）

〔二〕「吉」原作「厲」，榕村本、陳本同，今改。

〔三〕「輿脱輻」，周易小畜九三爻辭作「輿説輻」。李光地此以意言之。

〔四〕「脱輹」，周易大畜九二爻辭作「説輹」。李光地此以意言之。項安世云：「『輻』，車轑也。『輹』，軸轉也。輻以利輪之轉，輹以利軸之轉。然輻无説理，必輪破轂裂，而後可説。若輹，則有説時，車不行則説之矣。」（見周易大全卷四）

〔五〕周易大畜九三爻辭云：「良馬逐，利艱貞。」李光地云：「所畜者小，故至三而猶説輻；

所畜者大，至三則將通之時矣。其象如良馬之追逐，可以進也。然當畜時，故猶必艱貞防閑，而後利有所往。」（周易觀象卷五上經五大畜）

小畜之四，以六承君，則畜君者也；九五居尊，則畜下者也。大畜之六四、六五，以二陰畜衆陽而居上位，則皆畜下者也。然小畜無吉辭而大畜則「吉」，〔一〕以畜有小、大異也。

〔一〕周易大畜六四爻辭云：「童牛之牿，元吉。」六五爻辭云：「豶豕之牙，吉。」

至兩卦之上爻，則畜皆通矣。然小畜有戒辭，而大畜直曰「亨」，〔一〕亦以畜有小、大異也。若小畜之初、二得「吉」，〔二〕而大畜反無之，蓋小畜者勢未形而能自止，以道自止者也，所以得「吉」也；大畜勢已形而自止，以害自止者也，免於咎厲而已。〔三〕一詞之占，其謹嚴如此。

〔一〕周易大畜上九爻辭云：「何天之衢，亨。」

〔二〕周易小畜初九爻辭云：「復自道，何其咎？吉。」九二爻辭云：「牽復，吉。」

〔三〕周易大畜初九爻辭云：「有厲，利已。」蔡清云：「初九不可進，而未必能自不進，故戒之云：進則『有厲』，惟利於已也。若九二之處中，能自止而不進者也，則以其所能言之，曰『輿説輹』。」（易經蒙引卷四上）李光地云：「下卦以『自止』爲義，如小畜之下卦也。所止既大，則時不可進矣。進必有危，故利於己也。」（周易觀象卷五上經五大畜）

○大過之過在中，而三、四二爻者，中之中也，故皆取「棟」之象；〔一〕小過之過在外，而初、上二爻者，外之外也，故皆取「飛鳥」之象。〔二〕事過，則宜救之以中也，故大、小之二、五雖皆在過之分，然其義皆别取，而不至於凶咎也。

〔一〕周易大過九三爻辭云：「棟橈，凶。」九四爻辭云：「棟隆，吉。有它，吝。」

〔二〕周易小過初六爻辭云：「飛鳥以凶。」上六爻辭云：「弗遇過之。飛鳥離之，凶，是謂災眚。」

大過之二、五象「楊」者，〔一〕「楊」亦「棟」類也，以其近陰而有滋生之機，稍别於「棟」也。小過之六五象「雲」者，〔二〕「雲」亦「飛」類也，以其近陽而有會合之理，稍别於「鳥」也。兩卦之二皆善於五者，二未過而五稍過也。

〔一〕周易大過九二爻辭云：「枯楊生稊，老夫得其女妻，无不利。」九五爻辭云：「枯楊生華，老婦得其士夫，无咎无譽。」

〔三〕周易小過六五爻辭云：「密雲不雨，自我西郊。公弋取彼在穴。」

大過之初、上爲陰，小過之三、四爲陽。陽過則用陰，陰過則用陽，故初六之「藉用白茅」，〔一〕九四之「不過遇之」，〔二〕皆剛柔相濟，義與時適。惟上六則純柔，九三則純剛，矯時而過其中，則與時悖矣，二爻皆有凶辭，〔三〕以此也。

〔一〕周易大過初六爻辭云：「藉用白茅，无咎。」

〔二〕「不過遇之」，周易小過九四爻辭作「弗過遇之」。朱熹云：「『過遇』，猶言『加意待之』也，與九三『弗過防之』文體正同。」（朱子語類卷七十三易九小過）

〔三〕周易大過上六爻辭云：「過涉滅頂，凶，无咎。」小過九三爻辭云：「弗過防之，從或戕之，凶。」

〇大畜又對大有。

大有，所有者大也；大畜，所畜者大也。夫子贊二卦皆曰「尚賢」，〔一〕以六五尚上九之賢也。上九爲賢，而六五尚之，所有可謂「大」矣，所畜可謂「大」矣。

故一則曰「自天祐之」，〔二〕一則曰「荷天之衢」，〔三〕言乎尊賢之爲帝心，而賢路之通由於天道之泰也。

〔一〕孔子贊大有曰「尚賢」，見周易繫辭上傳第六章；贊大畜曰「尚賢」，見周易大畜彖辭。

〔二〕「祐之」原作「之祐」，榕村本、陳本誤同，今乙。「自天祐之」，周易大有上九爻辭。

〔三〕「荷天之衢」，周易大畜上九爻辭作「何天之衢」。

然大有之義優於大畜，故在畜爲「不犯災」者，在有則「无交害」而已；〔一〕在畜爲「脱輹」者，在有爲「車載」；〔二〕在畜爲「利往」者，在有爲「用亨」；〔三〕以至居尊位者有「牿牛」、「豶豕」之勞，〔四〕未若順保其盛大，而並施其孚威也。〔五〕

〔一〕周易大畜初九象辭云：「『有厲，利己』，不犯災也。」大有初九爻辭云：「无交害，匪咎，艱則无咎。」

〔二〕周易大畜九二爻辭云：「輿説輹。」大有九二爻辭云：「大車以載，有攸往，无咎。」

〔三〕周易大畜九三爻辭云：「日閑輿衛，利有攸往。」大有九三爻辭云：「公用亨于天子，小人弗克。」

〔四〕「牿」原作「牯」，陳本同，形近而譌，今據榕村本改。周易大畜六四爻辭云：「童牛之牿，元吉。」六五爻辭云：「豶豕之牙，吉。」

〔五〕周易大有九四爻辭云：「匪其彭，无咎。」六五爻辭云：「厥孚交如，威如，吉。」

○小畜又對小過。

陰陽和，則不過。以小畜大，陰陽未和也；小過於大，亦陰陽未和也。以陰畜陽，主在六四，故其彖曰「密雲不雨，自我西郊」；〔一〕陰過於陽，主在六五，故其爻亦曰「密雲不雨，自我西郊」。〔二〕畜之而固，則雨矣；〔三〕過而不過，則亦雨矣。〔四〕

〔一〕「密雲」至「西郊」，周易小畜卦辭。

〔二〕「密雲」至「西郊」，周易小過六五爻辭。

〔三〕周易小畜上九爻辭云：「既雨既處，尚德載，婦貞厲。」楊時云：「三陽下進，一陰畜之不能固，故『密雲不雨』，尚往也。至上九則往極矣，故『既處』。夫陰陽和則雨，而婦以順爲正。雖畜而至於雨，以是爲正，則『厲』矣。」（見大易粹言卷九）

〔四〕「過而不過」，謂小過卦體陰過而卦德不過也。李光地云：「小過有飛鳥之象，而所惡者飛，蓋飛則上而不下，違乎『不宜上，宜下』之義也。雲亦飛物也，下而降則爲雨。『密雲不雨』，是猶飛而未下也。五在上體，又居尊位，當小過之時，上而未下者也，故取『密雲不雨』爲象。雲而『不雨』，則膏澤不下於民矣。以其虚中也，故能降心以從道，抑志以下交，如弋鳥然，不弋其飛者而弋其在穴者，如此則合乎『宜下』之義。而雲之飛者，不崇朝而爲雨之潤矣。此爻變鳥之象而爲雲者，以居尊位故也。」（周易折中卷八下經小過）

雖然，小之爲道，妻道也，臣道也。畜之未固，固曰「夫妻反目」；[一]畜之而固，猶曰「婦貞厲」也。[二]可以過者，猶曰「過祖遇妣」；不可以過者，則曰「不及其君，遇其臣」也。[三]陰陽之際，小大之分，易之謹之也如此。

〔一〕「夫妻反目」，周易小畜九三爻辭。

〔二〕「婦貞厲」，周易小畜上九爻辭。

〔三〕周易小過六二爻辭云：「過其祖，遇其妣；不及其君，遇其臣，无咎。」

○大過又對大壯。

大過，大者過也；大壯，大者壯也。大過則顛，故防其橈也；大壯則止，故戒

其進也。壯之「羸角」，猶過之「棟橈」；〔二〕壯之「壯輹」，猶過之「棟隆」。〔三〕

〔二〕周易大壯九三爻辭云：「羝羊觸藩，羸其角。」大過九三爻辭云：「棟橈，凶。」

〔三〕周易大壯九四爻辭云：「藩決不羸，壯于大輿之輹。」大過九四爻辭云：「棟隆，吉。」

2.9 論取象相對

咸、艮皆以身取象，著人一身動靜之理也。

其六爻所當之位稍不同者，咸取三陽之中一爻爲心，則心位在四。心位在四，則初爲拇，二爲腓，三爲股，五爲背，而上爲口矣。艮但取中一陽爲心，則心位在三。心位在三，則初爲趾，二爲腓，四爲背，而五爲口矣。蓋心者，陽也；身者，陰也。心爲陽而居中，故三、四二位當之也。

咸言「咸其脢」，〔二〕艮不言「艮其背」者，「艮其背」爲卦義，〔二〕六四雖有合乎卦義，而未純乎卦義也，故未能「不獲其身」，而能止其身而已，〔三〕卦義之次也。

咸之感以心，艮之止以背，心、背之象皆在四，而皆未能純乎卦義。故咸四不言

「咸」，恐其憧憧而動於私也；艮四不言「背」，但止其身而未進於忘也。艮之取象既畢於五，故上自以「敦艮」爲義，〔四〕明上一爻爲止之主，德莫善焉。

〔一〕周易咸九五爻辭云：「咸其脢，无悔。」

〔二〕周易艮卦辭云：「艮其背，不獲其身，行其庭，不見其人，无咎。」

〔三〕周易艮六四爻辭云：「艮其身，无咎。」象辭云：「『艮其身』，止諸躬也。」孔穎達云：「『止諸躬也』者，『躬』猶『身』也，明能靜止其身，不爲躁動也。」（周易正義卷五）李光地云：「爻言『艮其身』，傳言『止之乎身』，則意明矣。」（周易觀彖卷八下經三艮）

〔四〕周易艮上九爻辭云：「敦艮，吉。」

○井、鼎皆以物取象。井者，在邑野者也，故取「養民」爲義；鼎者，在朝廟者也，故取「養賢」爲義。至六爻之辭，則除尊位之外，井自四以下爲代君養民者，鼎自四以下爲爲君所養者，故其義大略同也。

兩卦之初未當進用，故有「井泥」、「鼎否」之象。〔一〕然井主養人，泥則不能養

人，宜爲時所舍矣；〔二〕鼎主爲上所養，故猶有「出否從貴」之善也。〔三〕

〔一〕周易井初六爻辭云：「井泥不食。」鼎初六爻辭云：「鼎顛趾，利出否。」

〔二〕周易井初六象辭云：「『舊井无禽』，時舍也。」

〔三〕周易鼎初六象辭云：「『利出否』，以從貴也。」

兩卦之二，皆有剛德。然養人者在下，則不能遠施，又無應於上，則「射鮒敝漏」而已；〔一〕受養者雖在下，而有登進之具，又上得正應，故但戒以謹身而遠害也。〔二〕

〔一〕周易井九二爻辭云：「井谷射鮒，甕敝漏。」

〔二〕周易鼎九二爻辭云：「鼎有實，我仇有疾，不我能即，吉。」李光地云：「三陽居中，『鼎腹』之象。九二剛中，『鼎有實』矣。『仇』，猶『匹』也。有實而得應於上，其匹偶必有疾惡之者。惟能慎正自守，使疾我者無因可干而無隙可乘，則可以保所有而待時用矣，故『吉』。」（周易觀彖卷八下經三鼎）

井四以柔承剛，於義既善，又承上以養人，而不有其功，所以「无咎」；〔一〕鼎四以剛承柔，例多凶者，又受養既盛，則必有滿盈傾覆之理也。〔二〕

〔一〕周易井六四爻辭云：「井甃，无咎。」

〔三〕周易鼎九四爻辭云：「鼎折足，覆公餗，其形渥，凶。」

兩卦之三，亦皆有剛德，且位近上體，於養道合矣，然皆未離下體，則是井未上於瓶甕，鼎未登於俎豆也。又，井三雖有應，而上六非當位，鼎三則無應而象「耳革」，故一則曰「井渫不食」，一則曰「雉膏不食」。〔一〕膏澤不下，是以悔惻。然以其有是德而當是時也，故必有明良之合而福可受，有陰陽之和而悔可虧。韓子所謂「天將雨，水氣上，無擇於川澤澗谿之高下」者，〔二〕二爻之謂也。

〔一〕周易井九三爻辭云：「井渫不食，爲我心惻。」鼎九三爻辭云：「鼎耳革，其行塞，雉膏不食。」

〔二〕「韓子」，謂韓愈也。「天將」至「高下」，文見昌黎先生文集卷十四書太學生何蕃傳。

五者，井、鼎之主。而井五，陽也，有實德，故能「養民」也；鼎五，陰也，能虛中，故能「養賢」也。〔一〕

〔一〕「賢」原作「民」，陳本同，今據榕村本改。

井、鼎之上，養道成矣，故皆得「大吉」。〔一〕而鼎之上有「尚賢」之象，〔二〕故其辭又曰「大吉，无不利」，與大有上九同也。〔三〕

〔一〕周易井上六爻辭作「元吉」，鼎上六爻辭作「大吉」。

〔二〕「鼎之」下原有「五」字，榕村本、陳本同，今刪。案：周易鼎上九爻辭云：「鼎玉鉉，大吉，无不利。」李光地云：「『金』象以剛爻，取自六五之柔言之也。『玉』象以居柔，取自上九之剛言之也。當『尚賢』之時，以是德而居其位，吉利可知。凡彖辭直曰『元亨』，爻辭曰『吉，无不利』者，大有、鼎之卦及其上爻而已。以知兩卦『尚賢』之義，兩爻當之也。」（周易觀彖卷八下經三鼎）

〔三〕周易大有上九爻辭作「吉无不利」，無「大」字。

2.10

論卦意相對

離，明也。明夷，昏也。

昏明治亂，如晝夜循環。然離初，明之始也；二，明之至也；三，向昏；四，昏之甚；五，向明；上，則重明矣。夷初，昏之始也；二、三，以明拯昏者也；四、五，以明處昏者也；上，則極其昏者也。

然則離明之中有昏，夷昏之中有明。夷之下體自昏而明，故三之「得其大首」者，猶離上之「折首」也；其上體自明而昏，故上之「不明，晦」，〔一〕猶離三之「日昃」也。

〔一〕「上」原作「二」，陳本同，今據榕村本改。「不明，晦」，周易明夷上六爻辭。蘇軾云：「六爻皆晦也，而所以晦者不同。自五以下，明而晦者也。若上六，不明而晦者也，故曰『不明，晦』。言其實晦，非有託也。明而晦者，始晦而終明；不明而晦者，强明而實晦：此其辨也。」（東坡易傳卷四）

〇家人，内也。旅，外也。

家人，則利於「女貞」；旅，則利於「童僕貞」也。〔一〕家人二、四得位，女之貞者也；旅之初六居下，童僕之不貞者也。欲女之貞者，宜乎以義率之，而剛德爲善；欲童僕之貞者，宜乎以仁撫之，而柔道爲貴。

〔一〕周易家人卦辭云：「利女貞。」周易旅六二爻辭云：「旅即次，懷其資，得童僕，貞。」

家人之吉在五、上，而初與三，皆免乎悔厲者，以其有剛德也；旅之吉在二、五，而三、上與四，皆不免乎凶厲者，以其失柔道也。

家人之初、五稱「有家」，旅之三、上稱「旅」，〔一〕蓋以「有家」之心處之，則爲可繼也，爲可久也，而「家」之道正矣；以「旅」之心處之，則所遇皆路人，所居皆傳舍，而「旅」之道失矣。君子待妻孥如賓客，則「家」猶「旅」也；於四海如兄弟，則「旅」猶「家」也。

〔一〕「旅」上原有「以」字，榕村本、陳本同，疑涉下文「以旅之心處之」而誤衍，今删。

○萃，聚也。渙，散也。

萃言「王假有廟」，〔一〕因其聚而聚之；渙言「王假有廟」，〔二〕因其散而聚之也。

〔一〕「王假有廟」，周易萃卦辭。

〔二〕「王假有廟」，周易渙卦辭。

易凡言「號」者，皆誠之發也。萃之義，下聚於上，故號者在下，能號則一轉而「爲笑」矣；〔一〕渙之義，上聚其下，故號者在上，能號則雖「渙」而「王居，无咎」矣。〔三〕萃自初以上，皆求聚者，至四則佐上以聚其下者也；渙自初以上，皆自渙者，至四則佐上而「渙其羣」者也。

〔一〕周易萃初六爻辭云：「若號，一握爲笑，勿恤，往无咎。」

〔二〕周易渙九五爻辭云：「渙汗其大號；渙，王居，无咎。」

萃多戒辭，而渙無「凶」義。吾以此知保身之爲小，而遺己之爲大；養交之爲危，而特立之爲安矣。萃之極，故猶「齎咨涕洟」以求萃；渙之極，故遂離羣避害而遠去。〔一〕然其要皆「无咎」者，無萃上之心，則是放臣屏子、怨妻去婦，皆若是恝也；〔二〕無渙上之節，則是衡門不可以棲遲，槃澗不可以平寬也。

〔一〕李光地云：「萃以『聚』爲義，故至卦終而猶『齎咨涕洟』以求萃者，天命之正、人心之安也。渙以『離』爲義，故至卦終而遂『遠害』離去以避咎者，亦樂天之智、安土之仁也。古之君子，不潔身以亂倫，亦不濡首以蹈禍，各惟其時而已矣。」（周易折中卷八下經渙）

〔二〕「恝」，無愁貌。

○節者，約束自節也，與賁之文對。〔一〕

〔二〕梁寅云：「賁者，文飾之道也。」（周易參義卷一）

賁則恐其濡於華矣，故尚白焉。上之「白」，白也；四之「皤如」，亦白也。初之「賁趾」、五之「丘園」，皆是也。惟二爲文明之主，然猶貴其附於陽；三受二陰之賁，然猶戒其永於貞也。

節則恐其窮於苦矣，故尚甘焉。五之「甘」，甘也；四之「安節」，亦甘也。初之「不出」、三之「嗟若」，未失也。惟二當澤中而塞，故其於義爲「凶」；〔二〕上當險極而苦，故其於道爲窮也。〔三〕

〔二〕周易節九二爻辭云：「不出門庭，凶。」李光地云：「二居下體之中，可行之時也。可行而止，則爲『失時』義而『凶』矣。二之爻德，非不善也。以卦取澤水爲通塞，閉坎水之下流，而二正在其中，此所以爲『失時』之義。故曰：『象也者，像也。』」（周易觀彖卷九下經四節）

〔三〕周易節上六爻辭云：「苦節，貞凶，悔亡。」李光地云：「上流極而止，又險極也，『苦節』之象也。凡水始由中出，則甘；流而注海，或停瀦爲鹵濕，則苦。『苦』者，水之窮；『苦節』者，道之窮也。」（同上）

白而受采，則色相宣矣；甘而受和，則味相得矣。忠信之人而學禮，則文質彬彬矣。

2.11　論卦意相似

困與坎卦意相似。〔一〕水流洊至，險相仍也；水行遇澤，爲險所困也。二卦皆以剛德爲善，非剛不能處險困也。處險困者，莫大乎實心。所以貴剛中者，以其有實心也。有實心，則充積於中，不自滿盈於外。故坎之「求小得」，〔二〕中未大者，此也；困之「利用享祀」，〔三〕祭祀者，亦此也。

〔一〕「坎」上原有「習」字，榕村本、陳本同，今删。此以卦名行文，不當著「習」字。

〔二〕周易坎九二爻辭云：「坎有險，求小得。」

〔三〕「利用享祀」，周易困九二爻辭作「利用亨祀」。李光地蓋以意言之。

坎四剛、柔際而「无咎」，困四有與而克「終」，皆以承五爲義。蓋近君之位而

遭險困，則是不得於君也。有「用缶」、「納牖」之素，則終得其所際矣；〔一〕有「來徐徐」之安，則終得其所與矣。〔二〕

〔一〕周易坎六四爻辭云：「樽酒簋貳用缶，納約自牖，終无咎。」

〔二〕周易困九四爻辭云：「來徐徐，困于金車。吝，有終。」

坎初之「坎窞」，困初之「幽谷」，〔一〕自即於險困。坎三之來往「險枕」，困三之進退「石、蔾」，〔二〕遇之險困，而德不足以自拔也。坎上之「徽纆」、「叢棘」，〔三〕困上之「葛藟」、「臲卼」，〔四〕險困之甚者也。然悔悟者，出乎險困之機。故習險者能改而從道，則其「凶」止於「三歲」矣；處困者能悔而遷，則終可以得「吉」矣。天下無終於險困之理，亦求其心亨而已矣。

〔一〕周易坎初六爻辭云：「習坎，入于坎窞，凶。」困初六爻辭云：「臀困于株木，入于幽谷，三歲不覿。」

〔二〕周易坎六三爻辭云：「來之坎坎，險且枕。」困六三爻辭云：「困于石，據于蒺蔾。」

〔三〕周易坎上六爻辭云：「係用徽纆，寘于叢棘，三歲不得，凶。」李光地云：「『不得』者，不能得其道也。如悔罪思愆，是謂得道，則其困苦幽囚，止於三歲矣。」（周易折中卷四

上經坎）

〔四〕周易困上六爻辭云：「困于葛藟，于臲卼。曰動悔，有悔，征吉。」李光地云：「處困貴於説；而上，説之主也。故雖當困極，而尚有『征吉』之占，異乎初與三之坐困行蹇者也。然爲兑主，則又有『尚口』之象。『尚口』則支離繳繞，如『困于葛藟』然，將且『臲卼』不安，而失其所爲説矣。故必悔悟而離去之，則『吉』。」（周易折中卷六下經困）

〇升與晉卦意相似。

其六五一爻，皆爲卦主，其義至善。餘爻亦以柔爲善者，柔靜而剛動，柔退而剛進，升進之際，宜柔不宜剛也。是故卦非無剛也，而彖傳推釋卦義，曰「柔進而上行」、「柔以時升」，〔一〕則所用者柔也。

〔一〕「柔進而上行」，周易升彖辭文。「柔以時升」，周易晉彖辭文。

晉下三柔皆善，升之初柔亦善。然晉之初、二「摧如」、「愁如」，至三而後「允」；〔二〕升當初而既「允」。〔三〕晉之象，「明出地上」，〔三〕則初、二，地之中，未出之時也；升之象，「地中生木」，〔四〕則初六，巽之主，木生之先也。晉四以剛而

「厲」，升四以柔而「吉」。〔五〕升三雖無凶厲，而亦無吉利之文；〔六〕惟二剛而得中，故有「用禴」之「利」，其義著於象焉。〔七〕升、晉之極，「晉角」矣，「冥升」矣，〔八〕然以其剛而自治，以其柔而守貞，則雖處極而無凶害，又以時義之貴柔也，故晉有「厲」、「吝」之戒，而升則直曰「利」也。

〔一〕周易晉初六爻辭云：「晉如摧如，貞吉。」六二爻辭云：「晉如愁如，貞吉。」六三爻辭云：「衆允，悔亡。」

〔二〕周易升初六爻辭云：「允升，大吉。」

〔三〕「明出地上」，周易晉象辭文。

〔四〕「地中生木」，周易升象辭文。

〔五〕周易晉九四爻辭云：「晉如鼫鼠，貞厲。」升六四爻辭云：「王用亨于岐山，吉，无咎。」

〔六〕周易升九三爻辭云：「升虚邑。」

〔七〕周易升九二爻辭云：「孚乃利用禴，无咎。」象辭云：「剛中而應。」李光地云：「升、晉之時，以柔爲善。二剛而亦『利』者，以其中也。剛中有應，是『見大人』者也，故亦爲升之利。初言『吉』，以君子得時之遇言也；二言『无咎』，以君子進身之道言也。」（周

易折中卷六下經升）

〔八〕周易晉上九爻辭云：「晉其角，維用伐邑，厲，吉无咎，貞吝。」升上六爻辭云：「冥升，利于不息之貞。」

〇巽與蠱卦意相似。

然巽「小亨」而蠱「大亨」者，〔一〕蠱則其勢極矣，舉弊壞而更新之，撥亂開治之象，故曰「大亨」；巽則勢未極也，因其弊而申飭之，舉墜補偏之象，故曰「小亨」。

〔一〕「小亨」，周易巽卦辭。「大亨」，蠱卦辭作「元亨」。李光地此以意言之。

「甲」者，事之始也。〔二〕有事於始，亨之所以大也。「庚者」，事之中也。〔三〕有事於中，亨之所以小也。「先甲」，所以「振民」；「後甲」，所以「育德」。〔三〕「先庚」，所以「申命」；「後庚」，所以「行事」。〔四〕

〔二〕周易蠱卦辭云：「先甲三日，後甲三日。」

〔三〕周易巽九五爻辭云：「先庚三日，後庚三日，吉。」

〔三〕周易蠱象辭云：「山下有風，蠱。君子以振民育德。」

〔四〕周易巽象辭云：「隨風，巽。君子以申命行事。」

兩卦之能盡其道者，五爻也。餘爻，則能幹蠱者皆善也，〔一〕而裕之者則吝矣；〔二〕能入而斷者皆善也，〔三〕頻巽而失其資斧、能入而不能斷，則厲且凶矣。〔四〕

〔一〕「能幹蠱」者，謂蠱初六、九二、九三，皆善也。

〔二〕「裕之」者，謂蠱六四，吝也。

〔三〕「能入而斷」者，謂巽九二、六四，皆善也。

〔四〕「頻巽」者，謂巽九三，吝也；「失其資斧」者，謂巽上九，凶也，皆「能入而不能斷」者。

雖然，蠱者，人心之壞也；巽者，人欲之萌也。壞者極於終，萌者動於始。上之「高尚其事」者，〔一〕所以救人心之壞也。初之「利武人之貞」者，〔二〕所以遏人欲之萌也。故於上曰「志可則」也，於初曰「志治」也。〔三〕君子之拯天下之壞亂也，必先於自尚其志始。

〔一〕「尚」原作「上」，今據榕村本、陳本改。周易蠱上九爻辭云：「不事王侯，高尚其事。」項安世云：「居蠱之終，則无事之時也；在蠱之外，則不當事之人也。然當事者以幹蠱爲事，不當事者以高尚爲事，亦各其事也，故不曰『无事』，而曰『高尚其事』。」（周易玩辭卷四）李光地云：「上無所承，無復父母之象，又在事之外，無事者也，故其象爲『不事王侯』。然當蠱之時，莫不有事，不事王侯，則其行彌『高』而義彌『尚』矣。」（周易觀象卷四上經四蠱）

〔二〕周易巽初六爻辭云：「進退，利武人之貞。」李光地云：「初六，巽之主也。以柔居下，能入而不能斷，故有『進退』之象。若濟以『武人之貞』，則無不利矣。」（周易觀象卷四上經四蠱）

〔三〕周易蠱上九象辭云：「『不事王侯』，志可則也。」巽初六象辭云：「『利武人之貞』，志治也。」

2.12 論卦義相似

大壯之四陽盛長，與夬五陽決陰義相似也。〔一〕

〔一〕「夬」字原無，榕村本、陳本同，今據文意補。

故居初而「壯趾」，則皆有凶咎；〔二〕九二得中，則吉且无恤；〔三〕九三用壯，則皆凶厲。〔三〕此三爻之義同。

〔一〕周易大壯初九爻辭云：「壯于趾，征凶，有孚。」夬初九爻辭云：「壯于前趾，往不勝，爲咎。」

〔二〕周易大壯九二爻辭云：「貞吉。」夬九二爻辭云：「惕號莫夜，有戎勿恤。」

〔三〕周易大壯九三爻辭云：「小人用壯，君子用罔，貞厲。」夬九三爻辭云：「壯于頄，有凶。」

惟壯四則近三陰，應決者也，故曰「藩決不羸」；夬四未近上陰，不應決者也，故曰「牽羊悔亡」。

夬五乃直壯四之義，〔一〕以其近陰也，故曰「夬夬」，猶「藩決」也；壯五反直夬四之義，以其不在壯位也，故曰「喪羊」，猶「牽羊」也。

〔一〕「直」，通「值」，當也。下同。

壯纔四陽，決之未盡，故至上而猶「觸藩」；〔二〕夬則五陽，至上而決盡矣，然非惕號則猶有凶，猶之「艱則吉」之意也。〔三〕

〔一〕周易大壯上六爻辭云：「羝羊觸藩，不能退，不能遂。无攸利，艱則吉。」李光地云：

「五與上皆陰爻，而當陽壯已過之時，五猶曰『喪羊』，而上反曰『羝羊觸藩』，何也？蓋易者，像也。羊之觸也以角，卦似兑，有羊象，而上六適當角位，故雖陰爻而亦云『觸藩』也。陰柔不至於羸角，但不能退、不能遂而已。『艱則吉』者，知其難而不敢輕易以處之也，故可進則進，不可進則退。雜卦謂『大壯則止』，是也。」（周易折中卷五下經大壯）

〔三〕周易夬上六爻辭云：「无號，終有凶。」「艱則吉」，大壯上六爻辭。

○萃以二陽聚衆陰，與比以一陽比衆陰義相似。

比五，比之主也，故「元永貞」之德著於卦；萃五，亦萃之主也，故「元永貞」之德著於爻，其義一也。

比四，陰也，近五而比於君者也；萃四，陽也，佐五以萃其下者也，其義所以不同也。

比初曰「有孚」，萃初亦曰「有孚」，然比初無應，故曰「有它吉」；〔一〕萃初有應，故曰「往无咎」也。

〔一〕「它」原作「他」，榕村本、陳本同，今據注疏本改。

比、萃之二皆有正應於上，然必曰「自内」而不自失，曰有孚而中未變，〔一〕則聖人之戒深矣。

〔一〕周易比六二爻辭云：「比之自内，貞吉。」萃六二爻辭云：「引吉，无咎，孚乃利用禴。」

比三、上二爻皆凶，萃之三、上不至於凶者，比三不與陽相比、應；萃三與四雖隔體，而當萃之時，可以上巽也。比有「後夫凶」之義，〔一〕而上適當之，此所以無所比而「凶」也；萃有「利見大人」之義，〔二〕而上位近五，與蹇上之義同，〔三〕此所以「齎咨涕洟」以求萃而得「无咎」也。〔四〕

〔一〕周易比卦辭云：「不寧方來，後夫凶。」胡炳文云：「『不寧方來』，指下四陰而言；『後夫凶』，指上一陰而言。」（周易本義通釋卷一）

〔二〕周易萃卦辭云：「利見大人，亨利貞。」李光地云：「凡人之聚，莫大乎親比於君子，故曰『利見大人』。」（周易觀象卷七下經二萃）

〔三〕周易蹇上六爻辭云：「往蹇來碩，吉，利見大人。」李光地云：「蹇、萃之彖，以九五爲

「大人」，而遇之者上六也，以柔遇剛，則有「相從」之義。故萃則「齎咨」求萃於五而「无咎」，蹇則來就於五而得「吉」。蹇之上優於萃者，聚極則散，難極則解也。乾卦二、五而外，爻辭言「利見大人」者，惟此而已。」（周易折中卷五下經蹇）

〔四〕周易萃上六爻辭云：「齎咨涕洟，无咎。」李光地云：「居卦外而無應，無萃者也。然萃有「利見大人」之義，而上近九五，與蹇之上六同。苟能不安於上，而「齎咨涕洟」以致其誠，則亦可以得所萃而「无咎」。不如蹇上之「吉」，亦不如比上之「凶」者，無「蹇往來」之義，亦無「比後夫」之象也。」（周易觀彖卷四上經四蠱）

2.13 論乾坤君臣之義聖賢之學

乾卦、爻之義，則欲人之體其健也；坤卦、爻之義，則欲人之法其順也。健順者，一身之德，則體健順者，非必二人之身。然先儒或以爲君臣之義，或以爲聖賢之學者，何也？曰：就其所居之位而取數多焉，則君臣之義分焉矣；就其所備之德而專主言之，則聖賢之學見焉矣。蓋乾，天也，於人則爲心官，而有君道也；坤，地也，於人則爲百體，而有臣道也。性之實理，以心體之之爲誠；而誠者，聖人之德也。心之神明，以身存之之爲敬；而敬者，賢人之學也。

雖然，觀象玩辭者，則不可以此而拘。乾固君道也，然象傳所謂「乘龍御天」、「首出庶物」者，〔一〕專取九五君位而言之爾，故其文言曰「位乎天德」。〔二〕至於九二，則但有君德而無其位，而餘爻之義不盡然也。坤固臣道也，然文言惟於六三之臣位發之，則象所謂「先迷後得主」者，〔三〕即爻所謂「或從王事，无成有終」者也。〔四〕至於二、四，猶爲臣位，而餘爻之義不盡然也。

〔一〕周易乾彖辭云：「時乘六龍以御天。」又云：「首出庶物，萬國咸寧。」

〔二〕周易乾文言云：「『飛龍在天』，乃位乎天德。」

〔三〕「先迷後得主」，周易坤卦辭。

〔四〕「或從」至「有終」，周易坤六三爻辭。

說者之拘，雖「潛龍」之側陋，而必以君歸之；雖「黃裳」之尊顯，而必以臣目之。由是，升庸、攝位之舉，〔一〕鳴條、牧野之師，〔二〕甚而女媧、武氏之事，蓋不勝其異説焉。豈知象之意已包涵而不偏，爻之義尤錯綜而悉備？且凡卦意所重者，惟其主爻當之，例也。六虚周流而不可爲典要，豈獨乾、坤兩卦然哉？

〔一〕「庸」，用也。尚書堯典云：「疇咨若時？登庸。」「登庸」，升用也。

〔三〕商君書卷四賞刑篇云：「昔湯與桀戰於鳴條之野，武王與紂戰與牧野之中。」

誠、敬固有聖、賢之分，然心之虚明有所存，則性之實理即此而體矣。程子「誠敬而後誠」之説也。性之實理，體之在我，則心之虚明又何不存之有？程子「誠則無不敬」之説也。〔一〕二者之功，交養互發，自始學以至聖賢，皆必兼體焉。觀先儒之言，而知其所以貫通者，則無「以詞害意」之病矣。

〔一〕李光地云：「忠信，心之實也；修辭立誠，事之實也。敬以直内，涵理於心也；義以方外，順理於事也。誠與敬，立誠與守義，其實一也，而有乾、坤之德之不同。人心兼體乎乾、坤，則存誠、立誠、主敬、行義，皆一人之事也。程子言：『有聖、賢之别者，猶所謂「誠無不敬，敬而後誠」之意爾。』不然，則夫子屢教學者以忠信矣，豈非誠乎？聖敬日躋，豈非敬乎？」（榕村集卷六初夏録一誠明篇）

2.14

論乾坤皆不有其功

地之功，上之於天；臣子之美，歸之於君父。至於天也、君父也，則自有其功美與？

曰：否。以乾、坤二卦考之，坤之彖曰「得主」、曰「喪朋」，〔一〕其爻曰「无成有終」，〔二〕坤固不有其功美矣；乾之彖曰「利貞」，〔三〕其爻曰「亢龍有悔」，〔四〕乾亦豈有其功美哉？

〔一〕周易坤卦辭云：「君子有攸往，先迷後得主。利西南得朋，東北喪朋，安貞吉。」

〔二〕「无成有終」，周易坤六三爻辭。

〔三〕周易乾卦辭云：「元亨，利貞。」

〔四〕「亢龍有悔」，周易乾上九爻辭。

故夫子翼其義，曰「『東北喪朋』，乃終有慶」，〔一〕「陰雖有美，含之以從王事，弗敢成也」，〔二〕此地道也，臣道也；曰「能以美利利天下，不言所利」，〔三〕「貴而无位，高而无民，賢人在下位而无輔，是以動而有悔也」，〔四〕此天道也，君道也。

〔一〕「東北」至「有慶」，周易坤彖辭文。

〔二〕「陰雖」至「成也」，周易坤用六文言文。

〔三〕「能以」至「所利」，周易乾用九文言文。

〔四〕「貴而」至「悔也」，周易繫辭上傳文。

所以然者，乾元用九，則「首出庶物」，而不爲首者也；〔一〕坤貞用六，則「代有終」，而「以大終」者也。〔二〕天道、君道不爲首，而何功之可名？地道、臣道以大終，而何美之可居也哉？

〔一〕「首出庶物」，周易乾彖辭文。「不爲首」，乾用九云：「見羣龍无首，吉。」

〔二〕「代有終」，周易坤用六文言文。坤用六象辭云：「用六『永貞』，以大終也。」

故乾曰「利貞」，〔一〕則終於「萬國咸寧」，〔二〕而泯然無迹也；坤曰「利貞」，〔三〕則終於「喪朋」、「得主」，〔四〕而退然不居也。此乾、坤之大義也。

〔一〕「利貞」，周易乾卦辭。

〔二〕「萬國咸寧」，周易乾彖辭文。

〔三〕周易坤卦辭云：「利牝馬之貞。」

2.15

論龍馬之義

〔四〕「喪朋」、「得主」，周易坤卦辭。

乾、坤之有取於「龍」、「馬」，何也？

曰：心之爲物也，變變化化而不可放於外，故斂之又斂而欲其藏於密也，「龍」之象也。體之爲物也，順乎天君而不自作也，然形與神則欲其相赴，氣與志則欲其相助，夫然後可以言順矣，「牝馬」之象也。

蓋「龍」者，動而能靜者也；「牝馬」者，順而能健者也。彼道家之言「龍」、「虎」者，吾有取焉。彼以爲，魂而不交於魄是游魂也，故欲魂之守魄，如龍之爲飛騰之物而能潛蟄也；魄而不交於魂是滯魄也，故欲魄之拘魂，如虎之爲藏伏之物而有威猛也。設此象者，疑亦竊取周易「龍」、「馬」之義，而稍變文以自駕其説。

然爲彼之道者，猶知「龍」、「馬」之爲「精神」，而爲吾之學者，不復悟「龍」、

「馬」之爲「身心」矣。朱子所謂「諸儒失傳，而方外之流陰相付受，以爲丹竈之術」者，〔一〕此其一端也。

〔一〕「諸儒」至「之術」，文見朱熹晦庵集卷三十八書答袁機仲之三。

2.16

論復心學

夫所謂「天地之心」者，〔一〕道心也。〔二〕

〔一〕周易復彖辭云：「復，其見天地之心乎？」李光地云：「性者，體也；情者，用也。心者，統性、情而兼體、用者也。言其體，則曰『天地之大德曰生』；言其用，則曰『天地感而萬物化生』。此卦一陽初反，動靜之閒，謂之『性』則已發，謂之『情』則未著，故特以『心』言之。蓋全體於是而呈露，大用於此乎端倪，言『心』以括性、情之妙也。」（周易觀彖卷五上經五復）

〔二〕李光地云：「『天地之心』，在人則爲道心也。」（周易折中卷九彖上傳復）

一陽在内而甚眇，故「道心微」；〔一〕羣陰在外而甚盛，故「人心危」。「惟精惟一」，〔二〕則微者著矣。有不善未嘗不知，精也；知之未嘗復行，一也，〔三〕其殆庶幾乎？言能著其微也，初之「不遠復」是也。〔四〕

〔一〕尚書大禹謨云：「人心惟危，道心惟微，惟精惟一，允執厥中。」孔安國注云：「危則難安，微則難明，故戒以精一，信執其中。」（見尚書正義卷四）

〔二〕李光地云：「『惟精惟一』者，所以執中而已矣。」（周易折中卷九彖上傳復）

〔三〕李光地云：「『惟精』以察之，『惟一』以守之，則道心流行而微者著矣。」（同上）

〔四〕周易復初九爻辭云：「不遠復，无祇悔，元吉。」

「允執厥中」，則危者安矣。作德日休者，安也；敦厚不遷者，安也，以其得中故也，二、五之「休復」、「敦復」是也。〔一〕

〔一〕周易復六二爻辭云：「休復，吉。」六五爻辭云：「敦復，无悔。」程頤云：「二雖陰爻，處中正而切比於初，志從於陽，能下仁也，復之休美者也。『復』者，復於禮也。復禮則爲仁。初陽復，復於仁也。二比而下之，所以美而『吉』也。五以陰居尊，處中而體順，能敦篤其志，以中道自成，則可以『无悔』也。」（伊川易傳卷四）

未能遏人欲，則甚危，然遏之而已矣。三與陽相背，而處動體之極，故雖

「復」而「厲」，〔一〕言其危也。

〔一〕周易復六三爻辭云：「頻復，厲无咎。」李光地云：「三與初稍遠而相背，又不中不正，其失『頻』矣。然居内卦，與初同體，故猶有『頻復』之象。頻失則危復，故『无咎』。」（周易觀象卷五上經五復）

未能存天理，則甚微，然存之而已矣。四與陽相應，而處羣陰之中，故雖「復」而「獨」，言其微也。〔一〕

〔一〕周易復六四爻辭云：「中行獨復。」朱熹云：「四處羣陰之中而獨與初應，爲『與衆俱行，而獨能從善』之象。當此之時，陽氣甚微，未足以有爲，故不言『吉』。然理所當然，吉凶非所論也。」（周易本義卷一上經第一）李光地云：「衆陰惟四與初應，是能中道而行、獨復於善者。不言吉凶，本義盡之。」（周易觀象卷五上經五復）

天理滅而人欲肆，則微者愈微矣，危者愈危矣。微，故有「迷復」之「凶」；危，故有「災眚」之及。用師則「大敗」，無以勝人欲之强也；凶及於國君，無以安主宰之位也。至於十年弗克征，又何望於「七日」之「來」哉？〔一〕

〔一〕周易復卦辭云：「反復其道，七日來復。」

雖然，此皆心之失其職爾。若心得其職，則以之克己而必勝，天君泰而百體從令矣，又何敗亡之凶之有？故其傳曰「反君道也」。〔一〕

〔一〕周易復上六象辭云：「『迷復』之『凶』，反君道也。」

2.17 論无妄心學

朱子曰：「人欲盡處，天理流行。」〔一〕此无妄之所以「利有攸往」，〔二〕而可守以爲常也。

〔一〕文見朱熹論語集注卷六先進第十一。

〔二〕周易无妄卦辭云：「其匪正有眚，不利有攸往。」

初，震之主也；四，健之初也。乾之初畫，一索得震，所謂「剛自外來而爲主於内」者。〔一〕故其往也，曰「得志」，〔二〕於所性無加焉；其守也，曰「固有」，〔三〕於所性無損焉。

〔一〕「剛自」至「於内」，周易无妄彖辭文。李光地云：「或疑：『他卦皆直言「剛來」、「柔來」，此言「自外來」，何也？』曰：『「外」者，外卦也。欲假乾之卦象以爲天德，故言「自外來」，見「爲主於内」者之爲天德爾。「内」者，内卦也。内卦震，以初之一陽爲主，故曰「爲主於内」。』」（周易觀彖卷五上經五无妄）

〔二〕周易无妄初九象辭云：「『无妄』之『往』，得志也。」

〔三〕周易无妄九四象辭云：「『可貞，无咎』，固有之也。」李光地云：「以其固有者而固守之，本分之外無所容心焉，无妄之道也。」（周易觀彖卷五上經五无妄）

二、五有中正之德，無所爲妄者，然爲者在我，而應者在天；可信者由心，而非意者由外。故耕也，餒在其中矣，而不可有穫畬之早計。孔子曰：「丘之禱久矣。」〔一〕而不可有藥病之私憂。〔二〕如是，然後爲无妄之至，而德之純也。

〔一〕「丘之禱久矣」，論語學而篇文。孔安國注云：「孔子素行合於神明，故曰『丘之禱久矣』。」邢昺疏云：「孔子疾病，子路告請禱求鬼神，冀其疾愈也。孔子以死生有命，不欲禱祈，故以此言拒之。」（論語注疏卷七）

〔二〕周易无妄九五爻辭云：「无妄之疾，勿藥有喜。」李光地云：「『勿』者，戒辭也。既无妄矣，則不可以禍福利害動其心。若少有災患之來，而即求所以解免，則因以生妄，且從而益災者有矣。如人之内氣充和者，無致疾之道；而忽得疾，則惟『勿藥』可以『有喜』。苟欲速其愈而藥之，則是反傷其氣而重其疾也。五有中正之實德，故亦因而設戒。」（周易觀象卷五上經五无妄）

三、上，二體之窮也，窮則有災，然三行而有災，上則有行皆災也。然則在三者，安於災而已矣；在上者，止於行而已矣。災自外至，非由己作，然必能安於在外者，又能反於在己者，斯爲无妄，不然猶妄也。

是故事之初，斷於義而論也。无妄爲天命之正，而何行之不利，何處之不安？

事之中，參義、命而論也。行吾義焉，而不計其利與害；守吾義焉，而不計其安與危。

事之終，極於命而論也。命有時而拂逆，安之，而後其行義也，果而不惑；〔一〕命有時而窮困，順之，而後其守義也，隤而不息。〔二〕

〔一〕「果」，決也。

〔二〕「隤」，柔也。

義、命之學，吾於无妄之卦見之矣。

2.18 論離心學

明者，心德也。德本明而或昏之，性爲情汩故也。[一]喜怒哀樂變於物，而性動於中，於是乎有昏德。喜者，和之初發也，至於樂而溢矣；怒者，和之初變也，至於哀而反矣。

[一]「汩」，亂也。

聖人之發必中節，故喜怒哀樂無非和者，而德常昭明。衆人之情不能以性節，不特怒哀非和也，而喜樂亦非和矣。

雖然，昏之甚，其在樂與怒之際乎？樂與怒，相反而相生者，何也？樂者窮物，怒者傷物。縱窮物之欲，則必有傷物之勢；持滿志之心，則必多拂志之事。比其極而哀也，然後怒氣盡而喜氣萌矣。

是故「黄離」者，中而明也，其發爲喜而吉；〔一〕「日昃」者，昏也，其發爲樂而吝；〔二〕「突如」、「焚如」者，昏甚也，其發爲怒而凶；〔三〕「沱若」、「嗟若」者，昏極明生也，其發爲哀而悔。〔四〕常存乎日中，則不至於「日昃」矣；無「鼓缶」之歌，則亦無「突如」之暴矣；有「焚如」之傷，則必有「嗟若」之戚矣。此人心應物之恒情，而昏明之大限。

〔一〕周易離六二爻辭云：「黄離，元吉。」程頤云：「二居中得正，麗於中正也。『黄』，中之色，文之美也。文明中正，美之盛也，故云『黄離』。以文明中正之德，上同於文明中順之君，其明如是，所麗如是，大善之『吉』也。」（伊川易傳卷四）

〔二〕周易離九三爻辭云：「日昃之離，不鼓缶而歌，則大耋之嗟，凶。」荀爽云：「初爲日出，二爲日中，三爲日昃。」（見周易集解卷六）梁寅云：「三居下離之終，乃『日昃』之時也。夫持滿定傾，非中正之君子不能。三處日之夕，而過剛不中，其志荒矣，故『不鼓缶而歌，則大耋之嗟』。其歌也，樂之失常也；其嗟也，哀之失常也。哀樂失常，能无『凶』乎？君子值此之時，則思患之心，與樂天之誠，並行而不悖，是固不暇於歌矣，而亦何至於嗟乎？」（周易參義卷一）李光地云：「梁氏之説，獨得爻義。蓋『日昃』者，

喻心之昏，非喻境之變也。」（周易折中卷四上經離）

〔三〕周易離九四爻辭云：「突如其來如，焚如，死如，棄如。」

〔四〕周易離六五爻辭云：「出涕沱若，戚嗟若，吉。」李光地云：「惟六二爲得明德之正。三之歌嗟，四之突來，則明德昏而性情蕩，忿慾仍而災患至矣。能返之者，其惟哀悔之心乎！五有中德，又適昏極將明之候，故取象如此。三之『嗟』，樂過而悲也；五之『嗟』，自怨自艾也。」（周易折中卷四上經離）

君子之欲性其情也，〔一〕曰敬與克而已。敬之於未失之先，如晨興而接物，舄履相錯也，無所不用吾恭焉；克之於既失之後，如亂極而興治，苞蘖必撥也，然後可伸吾威焉。此之謂「懼以終始，其要无咎」。〔二〕中庸言中和之學而歸之戒懼慎獨者，此也。

〔一〕周易乾文言云：「『利貞』者，性情也。」王弼注云：「不性其情，何能久行其正？」孔穎達疏云：「能利益於物而得正者，由性制於情也。」（周易注疏卷一）

〔二〕「懼以」至「无咎」，周易繫辭下傳文。

2.19

論中孚心學

中孚者，有實心也，有實德也。無實心，則文貌徒備，而推誠者不至；無實德，則聲聞過情，而自守者不堅。居上位，則以實心爲重，爲其推誠有以及物也；在下位，則以實德爲重，爲其自守有以成身也。六四者，近君之臣；九五者，化邦之主。是故有「絶類」之忠以結其上，〔一〕則臣節盛矣；有「攣如」之恩以逮其下，〔二〕則王化行矣。「豚魚」之屬猶將感之，〔三〕而況於人乎？

〔一〕周易中孚六四爻辭云：「月幾望，馬匹亡，无咎。」象辭云：「『馬匹亡』，絶類上也。」

〔二〕周易中孚九五爻辭云：「有孚攣如，无咎。」李光地云：「九五剛而中正，爲『孚』之主，有化邦之任，故『有孚攣如』，而後可以『无咎』。『攣如』，謂固結而不可解。說而巽之，則有此效矣。」（周易觀象卷九下經四中孚）

〔三〕周易中孚卦辭云：「中孚豚魚吉。」吳愼云：「『中孚豚魚吉』，卦辭連卦名爲義，猶『同人于野』、『履虎尾』、『艮其背』之例。言人中心能孚信於豚魚，則無所不感矣，故『吉』

也。」（見周易折中卷八下經中孚）

「虞」也者，樂也；「燕」也者，安也。〔一〕「或鼓或罷」，無以自安也；「或泣或歌」，無以自樂也。〔二〕詩云：「獨寐寤歌，永矢弗過。」〔三〕故「虞」則「吉」，而「有它」則「不燕」，〔四〕志專於内也，初之所以吉也。得意則躍躍以喜，不得意則戚戚以泣，情移於物也，三之所以凶也。

〔一〕周易中孚初九云：「虞吉，有它不燕。」李光地云：「此卦之義，主於中有實德，不願乎外，故六爻無應者『吉』，有應者『凶』。初之『虞吉』者，謂其有以自守自安也。禮有『虞祭』，亦『安』之義也。『燕』，亦『安』也。『虞』則『燕』，『不虞』則『不燕』矣。『有它不燕』，正與大過九四『有它，吝』同。九四下應初六爲『有它』，初九上應六四亦爲『有它』也。」（周易折中卷八下經中孚）

〔二〕周易中孚六三云：「得敵，或鼓或罷，或泣或歌。」李光地云：「諸爻獨三、上有應；有應者，動於外也，非中孚也。人心動於外，則憂樂皆係於物。『鼓、罷、泣、歌』，喻其不能坦然自安，蓋初九『虞、燕』之反也。」（周易折中卷八下經中孚）

〔三〕「獨寐」至「弗過」，毛詩鄘風考槃文。

〔四〕「它」原作「他」，榕村本、陳本同，今據注疏本改。

詩云：「鶴鳴于九皋，聲聞于天。」〔一〕今也「鶴鳴在陰」，「和之」者，「其子」而已。〔二〕詩云：「我有旨酒，嘉賓式燕以敖。」〔三〕今也「好爵」在我，「靡之」者，「吾與爾」而已。〔四〕聲不遠聞，而惟同氣之孚；美不利賓，而惟同道之好。君子之言行，可以動天地，而其後遠先邇者，固如此也。九二有中德，而處下位故也。

〔一〕「鶴鳴」至「于天」，毛詩小雅鶴鳴文。

〔二〕周易中孚九二爻辭云：「鳴鶴在陰，其子和之。」

〔三〕「我有」至「以敖」，毛詩小雅鹿鳴文。

〔四〕周易中孚九二爻辭云：「我有好爵，吾與爾靡之。」李光地云：「『好爵』，謂酒也。『靡』，醉也。蓋有實德者雖潛隱不務於外，然懿德之好出於自然，所謂『同聲相應，同氣相求』者，此爻之義也。」（周易觀象卷九下經四中孚）

上六巽體，〔一〕雖高棲則音飛，勢順風而加疾，與在陰鳴和者，不亦遠乎？聲盛則實微，名長而德消，末俗之所矜而君子之所痛，終亦必亡而已矣，而何長之可有？是故中孚之學，務外徇名之反也。

〔一〕周易中孚上九爻辭云：「翰音登于天，貞凶。」王弼云：「『翰』，高飛也。飛音者，音飛而實不從之謂也。居卦之上，處信之終，信終則衰，忠篤內喪，華美外揚，故曰『翰音登于天』也。」（見周易正義卷六）胡瑗云：「『翰』者，鳥羽之高飛也。上九在一卦之上，居窮極之地，是无純誠之心、篤實之道，徒務其虛聲外飾，以矯僞爲尚，如鳥之飛登于天，徒聞其虛聲而已。」（周易口義卷十）章潢云：「二居兑澤，故曰『在陰』；上爲巽風，故曰『于天』。孚於中也，則『鳴鶴』自有『子和』；孚於外也，則『翰音』徒『登于天』。然則中孚可以人僞爲之哉？」（見周易説統卷八）

2.20

論大小過卦義

易之道，中而已矣，無過者也，而有大過、小過之卦，何也？曰：大事而過之謂大過，小事而過之謂小過。繫乎天下國家者，大事也，於是而有過，過之大者也；行乎一身日用者，小事也，於是而有過，過之小者也。凡人而有大過，則害于而家，凶于而國；其有小過，則以毁其德行，罹於禍災。故惟君子爲能無過。

雖然，時之所遇，見以爲過者，則有之矣。何則？

事之大者，有時不可以循常，則過於嚴毅、過於剛決，自君子行之，中也，而自人觀之，過也。

事之小者，有時不可以循常，則過於畏慎、過於節約，自君子行之，中也，而自人觀之，過也。

是故大過者，過於剛，君子則「剛過而中」也；小過者，過於柔，君子則「柔過而中」也。〔一〕

〔一〕李光地云：「大過之彖曰『剛過而中』，不橈乎下，斯爲剛之中矣；小過之彖曰『柔得中』，『不宜上，宜下』，斯爲柔之中矣。」（周易折中卷十彖下傳小過）

君子之任大事也，如棟梁然，邦家之楨也。棟梁大而楹柱不能勝，過之象也。而其隆也，不撓乎下，夫是以處困而通，投艱而濟。

其矜細行也，〔一〕如羽毛然，亦天下之儀也。羽毛盛而體肉爲之舉，過之象也。

而其飛也，不窮乎上，〔二〕夫是以言不失法而行不失經。〔三〕

〔一〕尚書旅獒云：「不矜細行，終累大德。」

〔二〕李光地云：「四陽居中，則有棟梁之象；四陰居外，則有羽毛之象。君子之任大事，則爲天下棟梁；修細行，則爲天下羽儀。此二卦取象之意也。然以其陰陽皆過多也，故謂之大過、小過。事固有過以爲中者，無嫌於過也，然必過而不失其中，乃歸於無過。故棟則惡其太剛而折、太重而橈，故宜隆於上，不可橈於下也；羽則惡其柔而無立、輕而不戢，故宜就於下，不可颺於上也。」（周易折中卷十彖下傳小過）

〔三〕「經」，亦「法」也。

大、小過之義，大矣哉！聖人所以納天下於寡過之域，而「其要无咎」者，〔一〕此也。故上、下篇之義，以是終焉。

〔一〕周易繫辭下傳云：「『懼以終始，其要无咎』，易之道也。」

周易通論卷三

大學士李光地撰

3.1 論易言陰陽之序

凡易所謂「陰陽」者，皆先以定位者言，如天地、日月之類是也。而其閒又以流行動靜而分陰陽，則如天地之氣一寒一暑、日月之行一晝一夜之類是也。故繫辭傳首章先言天地高卑、剛柔動靜、方物象形，一一定位，然後氣機相摩相盪，而雷霆風雨聚散乎其閒，晝夜寒暑運行乎其際。此聖人所以道陰陽之實也。説卦亦先敘列八卦對立之體，然後及於「動、散、潤、晅」周流之用，〔一〕正與繫傳首章同意。其言神妙萬物，亦自用而推本於體也。故曰：「天地設位，而易行乎其中矣。」〔二〕「乾坤毁，則無以見易。易不可見，則乾坤亦幾乎息矣。」〔三〕言其體、用之不相離若此，固未有捨實體而談虛機者也。

〔一〕周易說卦傳云：「雷以動之，風以散之，雨以潤之，日以烜之。」「烜」，與「晅」同，曬乾也。

〔二〕「天地」至「中矣」，周易繫辭上傳文。「中」原作「閒」，榕村本同，今據周易說卦傳改。

〔三〕「乾坤毀」至「息矣」，周易繫辭上傳文。

雖然，流行者，「變易」也；而定位者，則已具「交易」於其中。則「交易」者，「變易」之本也。故繫傳之言「鼓、潤、運行」也，〔一〕以「相摩」、「相盪」者先之；〔二〕說卦之言「動、散、潤、晅」也，〔三〕以「相薄」、「不相射」者先之；〔四〕而其言「動、撓、燥、說」也，〔五〕又以「相逮」、「不相悖」者推而本之也。〔六〕

〔一〕周易繫辭上傳云：「鼓之以雷霆，潤之以風雨。日月運行，一寒一暑。」

〔二〕周易繫辭上傳云：「剛柔相摩，八卦相盪。」

〔三〕「潤晅」原倒作「晅潤」，榕村本、陳本同，今據周易說卦傳乙。

〔四〕周易說卦傳云：「雷風相薄，水火不相射。」

〔五〕周易說卦傳云：「動萬物者，莫疾乎雷。撓萬物者，莫疾乎風。燥萬物者，莫熯乎火。

説萬物者，莫説乎澤。」

〔六〕周易説卦傳云：「水、火相逮，雷、風不相悖。」

「交易」者，陰中有陽，陽中有陰，互藏其宅者也。「變易」者，陰極而陽，陽極而陰，互爲其根者也。互藏其宅，故其情相求而相須；互爲其根，故其道相生而相濟。此皆所謂「行乎其閒」之易。然離「設位」、「成列」者求之，〔一〕則亦不可得而見矣。

〔一〕周易繫辭上傳云：「天地設位，而易行乎其中矣。」繫辭下傳云：「八卦成列，象在其中。」

周子先言太極動静，然後曰：「分陰分陽，兩儀立焉。」〔一〕張子先言太虚升降飛揚，然後曰：「浮上降下，清濁分焉。」〔二〕是二説者，不善觀之，未有不妄意爲混沌未剖之初，氣機不息者也。故朱子説之，直以爲目前如此，然後其言無弊。然惟其先言流行者，以及定位，故或以啓學者之疑也。以夫子之言衷之，則凡易中陰陽，皆當以定位者爲本。其所謂動也、静也，消也、息也，然後以此推之而已矣。

〔一〕「分陰」至「立焉」，周敦頤語，見葉采近思録集解卷一。

〔三〕「浮上」至「立焉」，張載語，所出不詳。

然則流行之陰陽，與定位之陰陽，一乎？

曰：不二也。定位之陰陽既分，及其流行也，雖不相離，而各有用事偏勝之時。故天地同流，而天主生、地主成，則謂春爲陽、秋爲陰可也；日月相推，而日昱晝、月昱夜，〔一〕則謂晝爲陽、夜爲陰可也。流行之陰陽，自定位之陰陽而起，故語道者必於其序也。

〔一〕太玄卷十玄告篇云：「日以昱乎晝，月以昱乎夜。」范望注云：「昱，明也。」

3.2 論易簡之原

「易簡」者，〔一〕聖人所以語乾、坤之德行，蓋論道之極致。

〔一〕周易繫辭上傳云：「乾以易知，坤以簡能。」李光地云：「『易』，坦易也。『簡』，簡約也。爲物不二，故其心易；無爲而成，故其事簡。」（周易折中卷十三繫辭上傳）

然所以「易簡」者，其原安在也？

曰：此中庸所謂「爲物不貳」也。〔一〕天地之心，一而不二，故天地之事，順而無爲。合之，則天地同流者也。分之，則主宰萬物而不二，以知大始者，乾也；致役乎帝而無爲，以作成物者，坤也。故曰：「夫乾，其靜也專，其動也直；夫坤，其靜也翕，其動也闢。」〔二〕「專」，言其心之存；「直」，言其心之發。「翕」，言其事之斂；「闢」，言其事之施。存發之間，毫無夾雜而委曲者，此乾之所以有心而無心也；斂施之際，毫無凝滯而窒礙者，此坤之所以有爲而無爲也。無以名之，則名之曰「易簡之善」而已；無以贊之，則贊之曰「至德」而已。〔三〕

〔一〕「貳」原作「二」，榕村本、陳本同，今據禮記中庸改。

〔二〕「夫乾」至「也闢」，周易繫辭上傳文。李光地云：「『靜專』、『動直』是豪無私曲，形容『易』字最盡；『靜翕』、『動闢』是豪無作爲，形容『簡』字最盡。『易』在『直』處見，坦白而無艱險之謂也，其本則從『專』中來；『簡』在『闢』處見，開通而無阻塞之謂也，其本則從『翕』中來。」（周易折中卷十三繫辭上傳）

〔三〕周易繫辭上傳云：「易簡之善配至德。」李光地云：「『靜專』、『動直』，易也；『靜翕』、

『動闢』，簡也。」（同上）

天地之德，不可窺也，於人心之德驗之。今夫人之心，一於理而不二，則「靜專」、「動直」之氣象可識也；其應於事也，順乎理而無爲，則「靜翕」、「動闢」之氣象可識也。「易」者，坦白之稱；「簡」者，要約之謂。坦白，故易知；要約，故易從。「易」者，「險」之對，故有以知險；「簡」者，「煩」之對，故有以知阻。易之所以達天德而定大業、同吉凶而處憂患者，其道無以易此。此「易簡」之原也。

3.3 論幽明之故

或問：「觀天察地，何以知幽明之故也？」〔一〕

〔一〕周易繫辭上傳云：「仰以觀於天文，俯以察於地理，是故知幽明之故。」李光地云：「天地之道，以其顯者知其微者。天文、地理，如日月、水火之類，或主施而舒光，或主受而涵景，此即『幽明之故』也。」（周易觀象卷十繫辭上傳）

曰：天文之大者，三光而已，地理之大者，五行而已，而皆不離乎陰陽。故天陽也，地陰也。自在天者言之，日陽也，月陰也；自在地者言之，木、火陽也，金、水陰也。

張子曰：「火、日外光，能直而施，金、水内光，能闢而受，神與形、天與地之道與？」〔一〕是故天施而地受者也，日施而月受者也，木、火施而金、水受者也。施者其體實，受者其體虚。實者著顯而易見，故凡明之類，皆視此也；虚者隱暗而難知，故凡幽之類，皆視此也。施者有所麗，受者有所涵。惟其能受而涵之也，故虚而非虚，且虚而能生實也。此陰陽所以不窮，而萬物所以生生。幽明之理，盡於此矣。

〔一〕文見張載正蒙卷一參兩篇第二。「能直而施」之「直」原作「闢」，「能闢而受」之「闢」原作「翕」，榕村本、陳本同，今據正蒙改。李光地注解正蒙卷一參兩篇第二亦作「能直而施」、「能闢而受」，不誤。

夫下文「死生」、「人鬼」，皆幽明之大者也。雖然，就此以觀幽明，則似茫昧微渺而未易知者。惟於天文、地理之顯者而觀察之，則「幽明之故」可以耳目及而思慮得。夫然後「死生之説」、「鬼神之情狀」可以繼是而有明也。〔二〕故邵子曰：

「日者，月之形也；月者，日之影也。陽者，陰之形也；陰者，陽之影也。人者，鬼之形也；鬼者，人之影也。」〔三〕即此意也。

〔二〕「死生之説」、「鬼神之情狀」，周易繫辭上傳文。

〔三〕「日者」至「影也」，邵雍語，見胡廣性理大全書卷十三皇極經世書七外書漁樵問對。邵雍皇極經世書卷十四觀物外篇下云：「月者，日之影也。情者，性之影也。陰者，陽之影也。鬼者，人之影也。」

3.4　論死生之説

始終，即生死也。

曰：「『原始反終，故知死生之説』，〔一〕何也？」

〔一〕「原始」至「之説」，周易繫辭上傳文。李光地云：「『始終』者，事物之始終。凡事物之始，必有以順其理；事物之終，必有以完其初。此即『死生之説』也。」（周易觀象卷十繫辭上傳）

曰：「始終」者，泛論事物之始終；「死生」者，切指吾身之生死。言推原反覆於事物之始終，則知吾身死生之説也。

聚，則物之所以有；散，則物之所以無。感，則事之所以生；寂，則事之所以止。其生而有也，有所自；其止而無也，有所歸。死生之變，如此而已。

雖然，猶有深於是者焉。天之生物也，豈使之徒然而生、徒然而死哉？蓋必有所以生者焉，所謂「全而生之」也；有所以死者焉，所謂「全而歸之」也。〔一〕百穀、草木之生，能蓄其根、暢其枝，以至於成其實，則所以生之理完矣；剥落之後，其實必充美，而又可以蕃衍於無窮。蓋性之流傳，不可息也。不如是，則雖有是生，性而不完；既落之後，必不能充美而可蕃。此萬物終始之著者也。

〔一〕禮記祭義篇云：「父母全而生之，子全而歸之，可謂孝矣。」

人心之造事也，如其事之理而無虧欠，及乎事已心休，則泯然而有以自得，且可以生異日之善，而爲後事之師也。否則迹雖往而縈懷者不釋，甚則過既成而追訟者無窮。人生於天地閒，其生、其死蓋終始之大者，較之物類、事類又相遠矣。而聖人所謂「朝聞而夕可」者，〔二〕蓋亦等其理於一事物逡巡晨暮之閒。此之謂

「死生之説」也。

〔一〕論語里仁篇云：「朝聞道，夕死可矣。」

異氏之學，於知死之説詳焉。夫既死矣，彼何從而知之？易之所謂「知」者，以事物終始而知之。夫子又言「未知生，焉知死」，〔一〕蓋此意也。

〔一〕「未知」至「知死」，論語先進篇文。

周子圖説引此終篇，〔一〕以爲太極全付於人，人必全而歸之，然後三極之道立；〔二〕西銘亂語「存順没寧」，〔三〕指亦如之：皆聖賢深切之訓也。舍是而求「死生之説」，則何以知爲？

〔一〕謂周敦頤太極圖説，文見元公周先生濂溪集卷一。

〔二〕周易繫辭上傳云：「六爻之動，三極之道也。」孔穎達云：「六爻遞相推動而生變化，是天、地、人三才至極之道。」（周易正義卷七繫辭上）朱熹太極圖説解云：「陰、陽成象，天道之所以立也；剛、柔成質，地道之所以立也；仁、義成德，人道之所以立也。道一而已，隨事著見，故有三才之别。而於其中又各有體、用之分焉，其實則一太極也。陽也、剛也、仁也，物之始也；陰也、柔也、義也，物之終也。能原其始而知所以生，則反其終而知所以死矣。此天地之閒，綱紀造化，流行古今，不言之妙。聖人作易，其大意蓋不出此，故引之以證其説。」（見元公周先生濂溪集卷一）李光地云：「六爻變動，乃陰陽、剛柔、仁義並行，天、地、人之至理也，而天道之變盡矣。」（周易觀彖卷十繫辭上傳）

〔三〕張載西銘云：「存，吾順事；没，吾寧也。」（見宋文鑑卷七十三）

3.5

論鬼神之情狀

先儒以「精氣」爲生者、爲神，「游魂」爲死者、爲鬼。〔一〕

〔一〕周易繫辭上傳云：「精氣爲物，游魂爲變，是故知鬼神之情狀。」李光地云：「『精氣』、『游魂』，皆以在人身者言。『游』者，思慮動作，寂感無常之稱也。陰精、陽氣各有靈爽，如神示之對待；魂動、魄靜交爲變化，如人物之屈伸，此即『鬼神之情狀』也。」（周易觀彖卷十繫辭上傳）

愚謂：死而魂游，又孰從而知之？非窮理之要也。

蓋「精氣」、「游魂」，皆以吾身之生生者言之爾。筋骨血肉，精之爲也；呼噏營衛，氣之爲也。二者合而成物，物之體也。精之靈曰「魄」，氣之靈曰「魂」。魄主靜，故常居；魂主動，故曰「游」。「游」者，或聚或散之稱也。其聚也，乘於氣，而思慮動作興焉；其散也，藏於魄，而思慮動作泯焉。是故精之魄爲鬼，氣之魂爲神。游魂之聚而乘於氣者爲「神」，其散而藏於魄者又爲「鬼」。精氣、魂魄常在，鬼神之長流而不息者也；游魂之變無方，鬼神之旋伸而旋屈者也。

以造化言之，則天氣、地質，猶吾身之精氣；天神、地靈，猶吾身之魂魄也。游氣紛擾，猶吾身之游魂。感遇聚散，以爲萬物之終始死生，猶吾身游魂之變也。

經所謂「鬼神」者，通造化而言者也。造化之鬼神不可知，故以人身之鬼神知之也。推而極之，則造化之鬼神不可求，亦以人身之鬼神求之也。知之則質而無疑，求之則感而遂通。何則？一體故也。

或曰：「鬼神之説侈矣。〔一〕自異氏之説入，而怪滋甚。今定其爲有耶？爲無耶？」

〔一〕「侈」，多也。

曰：此經之言，所以爲理之至也。夫求之身而有焉，斯有矣；求之身而無焉，斯無矣。天神地示之長在，易知者也；萬物生息之無窮，亦易知者也。世俗之惑，蓋在於人消物化而不知其所歸，故以爲有無難明也。

然自吾身之游魂觀之，則凡耳目之所涉、思慮之所營，必有所藏也，有所寄也。孩稚之習，老大而不忘；旦晝之爲，夢寐而不泯。惟精氣之長在，而魂魄之周流，故動靜之一根，而隱顯之無閒。然則鬼神之有無，可知矣。

是故「仰觀天文，俯察地理」，則以吾身之「精氣爲物」者當之；「幽明之故」通而「鬼神之情狀」已明；「原始反終」，則以吾身之「游魂爲變」者當之；「死生之説」得而「鬼神之情狀」益著。〔一〕

〔一〕周易繫辭上傳云：「仰以觀於天文，俯以察於地理，是故知幽明之故。原始反終，故知死生之説。精氣爲物，游魂爲變，是故知鬼神之情狀。」

〇或以晝作喻人，夜夢喻鬼，理然乎？

曰：晝則魂用事而主動，其或動而又或靜者，魂之交於魄也；夜則魄用事而主靜，其或靜而又或動者，魄之交於魂也。故明則人爲主，人交於鬼者，其正也，魂交於魄之喻也；幽則鬼爲主，鬼交於人者，其變也，魄交於魂之喻也。正，故虛靈湛定而有常，有所感，斯無不通矣；有所存，斯無不在矣。變，故仿佛雜糅而不測，其交也不可知，其來也不可期。故欲知心之體、之靈者，於其湛定而有常，不於夢也；欲知鬼之神、之靈者，亦於其湛定而有常，不於交也。心之體，湛定而有常者，與其神智日生之用，混然而合一；鬼之神，湛定而有常者，與萬化無窮之機，浩然而常流。而世之好語怪者，惑於鬼神之變者也。周禮有「三夢之占」，〔一〕蓋與警妖祥之術一爾。〔二〕

〔一〕周禮春官太卜職云：「掌三夢之法：一曰致夢，二曰觭夢，三曰咸陟。以八命者贊三夢之占，以觀國家之吉凶，以詔救政。」鄭玄注云：「夢者，人精神所寤可占者。致夢，言夢之所至，夏后氏作焉。咸，皆也。『陟』之言『得』也，讀如『王德翟人』之『德』。言夢之皆得，周人作焉。杜子春云：『觭，讀爲「奇偉」之「奇」，其字當直爲「奇」。』玄謂：『觭』，讀如『諸戎掎』之『掎』。『掎』，亦『得』也。亦言夢之所得，殷人作焉。」賈公彦疏云：「僖二十四年左傳云：『王德翟人，以其女爲后。』『德』亦爲『得』義，故讀從之。杜子春讀『觭』爲『奇偉』之『奇』，讀從家語。襄十四年左傳云：『戎子駒支曰：「秦師不復，我諸戎實然。譬如捕鹿，晉人角之，諸戎掎之。」』是『掎』爲『得』也。」（周禮注疏卷二十四）

〔三〕周禮春官眡祲職鄭注云：「妖祥，善惡之徵。」賈公彦疏云：「『祥』是善之徵，『妖』是惡之徵。此『妖』、『祥』相對。若散文，『祥』亦是惡徵。」（周禮注疏卷二十五）

3.6 論繼善成性

「夫子之言性與天道，不可得而聞也」，〔一〕自乾彖傳、文言始發之。其曰「大哉乾元，萬物資始」，〔二〕是朱子所謂「天地以生物爲心」，而人物之生「因各得夫天地生物之心以爲心」者也。〔三〕然傳言「萬物」資「乾元」以始而已。至文言申之曰『元』者，善之長也」，則見「元」之爲「善」；又曰「君子體仁」，則見「善」之爲「仁」。

〔一〕「夫子」至「聞也」，論語公冶長篇文。

〔二〕「大哉」至「資始」，周易乾彖辭文。李光地云：「『乾』，天象也。『元』，則其德之始也。始者必大，故以『大哉』贊之。萬物皆資之以爲始，而能統貫乎天德之始終，此其所以『大』也。」（周易觀彖卷一上經一乾）

〔三〕文見朱熹孟子集注卷三公孫丑上。

仁者，即天地生物之德，而人物得之，以爲心之德、之實體也。夫自天言之，謂之「賦」；自人物言之，謂之「受」；自一賦一受之閒言之，謂之「繼」。「繼」也者，猶子之於父母曰「繼其體」也，猶弟子之於師曰「繼其志」也。天道賦與之初，無擇於物；人物受命之始，無閒於天。如陽光之照也，不以岡原澗壑而殊也；如大雨之奔也，不以陂澤沼沚而異也。當此之際，徒有善焉而已，故曰「繼之者善也」。〔一〕言天人交接之閒，無非善者，是「大哉乾元，萬物資始」之謂也。

〔一〕「繼之者善也」，周易繫辭上傳文。李光地云：「『繼』，猶『繼體』、『繼志』之『繼』，蓋天賦人受，交接之間也。天地之性，純粹至善，人物得是理以有生，則莫不有天命之善焉。」（周易觀象卷十繫辭上傳）

又曰：「乾道變化，各正性命。」〔二〕又朱子所謂理爲之主，而陰陽五行爲之錯綜經緯，於是人物之生，氣殊質異，而各一其性者也。「成」者，氣之聚，形之具，天既賦於物而已分，物既受於天而自足。如兼被乎陽光，而岡原之明暖、澗壑之陰沍不能均也；〔三〕如兼承乎雨澤，而陂澤之汗漫、沼沚之淙滴不能同也。當此之時，則謂之「性」。故曰：「成之者，性也。」言人物之有定而不可移，乃其所以爲性者，是「乾道變化，各正性命」之謂也。

〔二〕「乾道」至「性命」，周易乾彖辭文。朱熹云：「『變』者，化之漸；『化』者，變之成。物所受爲『性』，天所賦爲『命』。『各正』者，得於有生之初。此言『乾道變化』，無所不利，而萬物各得其性命以自全。」（周易本義卷三彖上傳第一）

〔三〕「沍」，與「冱」同，寒也。

是故「乾元」者，專乎天地之心、之德而言者也。其資之以始而繼之者，是人物之公也，理一者也。「乾道」者，兼乎天地之氣、之化而言者也。其各正而成之者，是人物之差也，分殊者也。「乾元」惟大，故公而不私；「乾道」惟變化，故差而不齊。周子引彖傳之言，與繫傳互相發，其指深矣。厥後，程、張「天命」、「氣質」之説，〔一〕實出乎此。

〔一〕「程、張」，謂程頤、張載也。

3.7 論河圖

河圖何以作易也？

曰：天地之間，陰陽而已。河圖之奇耦者，所以紀陰陽之數、倣陰陽之象而盡陰陽之理也。

一奇爲陽數，二耦爲陰數。其餘凡奇者，皆從一而爲陽也；凡耦者，皆從二而爲陰也。其位，則節於四、備於五而加於十。四者，天地之氣分司於四方，迭王於四時之用數也。五者，兼其中之體數也。十者，倍五而成，在四方、四時，則陰陽互藏、互根之數；在中央，則陰陽混一、和會之數也。

今以圖觀之，除五、十爲體數居中，則一、三、七、九者，奇數之始終也；二、四、六、八者，耦數之始終也。陽始於北、盛於東、極於南而終於西，此圖一、三、七、九之序也；陰始於南、盛於西、極於北而終於東，此圖二、四、六、八之序也。

在北、在東，則奇内而耦外，奇爲主而耦爲賓，奇爲生數而耦爲成數。此則陽主事而陰受命，陽息而陰消之象也。在南、在西，則耦内而奇外，耦爲主而奇爲賓，耦爲生數而奇爲成數。此則陰用事而陽仰成，陰息而陽消之象也。蓋其並立而同運者，固不容一息而相離，而其迭爲賓主互爲始終者，又無一息之不相推而相變也。

自其推行之迹言之，謂之變化；自其合一之妙言之，謂之鬼神。推行者，變易爲用，而其體不可執；合一者，交易爲體，而其用不可知。此河圖之緼，〔一〕而聖人所因以作易之源也。

〔一〕周易繫辭上傳云：「乾坤，其易之緼邪？」王弼注云：「緼，淵奧也。」

3.8 論河圖二

聖人之則圖作易也，非規規於巽畫之似、方位之配也。其理之一者，有以默啓聖人之心而已。圖所列之數如此，其所涵之象又如此。

今以易卦觀之。「天一地二」，〔一〕數之源也，則聖人所取以定兩儀者也。「五位相得而各有合」，〔二〕象之成也，則聖人所取以定四象、八卦者也。何則？

〔一〕「天一地二」，周易繫辭上傳文。

〔二〕周易繫辭上傳云：「天數五，地數五，五位相得而各有合。」孔穎達云：「若天一與地六相得合爲水，地二與天七相得合爲火，天三與地八相得合爲木，地四與天九相得合爲金，天五與地十相得合爲土也。」（周易正義卷七）龔焕云：「『五位相得』之説，當從孔氏。蓋既謂之『五位相得』，則是指一、六居北，二、七居南，三、八居東，四、九居西，五、十居中而言也。」（見周易本義集成卷七）李光地云：「龔氏之意，謂『相得』者，言四方相次，如一、三、七、九，二、四、六、八是也；『有合』者，言四方相交，如一、六，二、七，三、八，四、九是也。此説極合圖意。蓋『相得』者，是二氣之迭運、四時之順播，所以成變化者，此也。『有合』者，是動靜之互根、陰陽之互藏，所以行鬼神者，此也。然成變化、行鬼神不直言於『相得』、『有合』之後，必重敘天地之數五十有五者，蓋非重敘細數，則無以見相得者之自少而多、自微而盛，有合者之多少相間、微盛相錯，而往來積漸之迹、屈伸交互之機有所未明者矣。」（周易折中卷十四繫辭上傳）李氏又云：「天、地之數各五，列成『五位』。四方相生，是『相得』也。奇偶同居，是『有合』也。」（周易觀彖卷十繫辭上傳）

一、二之數起，則凡三、五、七、九皆一之變矣，四、六、八、十皆二之變矣，故奇耦之畫由此而定也。相得有合之象列，則陰陽之賓主辨而交易之妙具矣，陰陽之消息序而變易之機行矣，故四象、八卦之設由此而定也。

今以義、文二圖觀之，則先天之左右、陰陽、內外、終始，固與圖象無二；而後天之北、東皆陽卦也，南、西皆陰卦也，圖象在北、東則陽爲主，在南、西則陰爲主，亦其義也。

河圖兼中數，故備於十；易卦除中數，故止於八。

中數者，何也？

以一而統四，則數之主也；又倍五而爲十，則數之全也。此無極之真，所以主宰包含，二、五之精，所以停蓄完備，而爲分播迭用之本者也。

易雖不用其數，而必曰「易有太極」；〔一〕說卦敘圖象，既曰「帝」，又曰「神」。〔二〕太極也、帝也、神也，卦畫所無也，然而以爲易有之焉，則河圖中數之精緼，象雖不立，而理行乎其間者也。

〔一〕「易有太極」，周易繫辭上傳文。

〔二〕周易說卦傳云：「帝出乎震。」又云：「神也者，妙萬物而爲言者也。」

3.9 論河圖三

易卦止於八，而虛中數，此易有「太極」而不著之義也，言「帝」、言「神」而無專位之義也，固也。

雖然，八卦之乾，其統之矣。夫天，專言之則道也，則乾，太極也；以主宰言謂之帝，則乾，帝也；以妙用言謂之神，則乾，神也。至於以形體言謂之天，然後與諸卦列而爲八。是故以八卦爲河圖四面對待流行之數，而虛其中可也；以乾、坤爲河圖之中數，六子陰陽卦爲四面對待流行之數可也。

地亦天也，故坤從乾而爲中數。凡所以主張綱維，皆其爲也，猶圖之以十從五而爲中數也。六子則以陰陽相爲内外消息，猶圖四面之數之相爲内外、消息也。是故乾、坤者，列之則與諸卦成位，統之則爲諸卦之宗。説卦最後去乾、坤而專言六子，〔一〕以明乾、坤之即神也。孔子於乾卦彖、象備天德之形容焉，則已盡乎太極之緼矣。夫豈必於八卦之外，求所謂「太極」、「神」、「帝」者哉？

〔一〕「六子」，謂震、巽、坎、離、艮、兑也。

3.10 論圖書

卦以道陰陽之變，故曰「易」；〔一〕疇以敘三才之法，故曰「範」。〔二〕聖人之取諸圖也，所謂「陽卦奇，陰卦耦」者也；〔三〕其取諸書也，所謂「參天兩地而倚數」者也。〔四〕何則？

〔一〕「卦」，謂八卦也。「易」，謂周易也。

〔二〕「疇」，謂九疇也。「範」，謂洪範也。

〔三〕「圖」，謂河圖也。「陽卦」至「卦耦」，周易繫辭下傳文。

〔四〕「書」，謂洛書也。「參天」至「倚數」，周易説卦傳文。

天數始於一，地數始於二，奇耦立而陰陽之理明。故圖之以一、三、七、九、二、四、六、八相爲内外、互爲終始也，是陰陽交易、變易之道也。天數乘於三，地數乘於二，參兩行而天地之義著。故書之以一、三、九、七相乘於四正而左行，二、四、八、六相乘於四隅而右行也，是天地順逆之機、樞維之位也。其爲天地之數則一，而卦因之以明變化之情、趨時之用，疇因之以明成位之職、參贊之功。故其中數也，易見之則爲「太極」，蓋宰陰陽而爲化樞也；範見之則爲「皇極」，蓋中天地而立人位也。太極、皇極，其爲至理亦一。而易所主者天德，無聲無臭，所謂「太極本無極」者，故其名不在八卦之内；範所主者王道，有典有則，所謂「皇建其有極」者，故其目列於九疇之中也。此二圖同異之致，聖人法則之源也。

3.11

論掛扐

「歸奇於扐」，〔一〕古人之説不同，何也？

〔一〕周易繫辭上傳云：「分而爲二以象兩，掛一以象三，揲之以四以象四時，歸奇於扐以象閏。五歲再閏，故再扐而後掛。」李光地云：「揲之時，平分左右，以象兩儀也。取右一蓍掛左小指，以象三才也。左右互揲，以四爲節，以象四時也。又歸所掛之奇於左右之餘，並以象閏也。揲四者爲正數，奇零者爲閏數。故卦爲積餘之端，而扐爲積餘之總。再扐之後而復起掛，猶再閏之後而復起積也。」（周易觀象卷十繫辭上傳）

曰：其説大略有二。一曰歸左右之餘於兩指之間也，如此則奇爲餘而扐爲指間。一曰歸所掛之一於左右之餘也，如此則奇爲一而扐爲餘。

按：禮記王制曰「祭用數之扐」，則「扐」固爲「餘」義。〔二〕況曰「歸奇於扐」，則是并兩而一之之辭也。若曰「歸餘指閒」云爾，則「掛一」亦於指閒，而何以不言「扐」？「揲四」者何所頓置，而亦不言其處？故知「歸掛於扐」之説是也。

〔一〕朱熹云：「『扐』者，數之餘也，如禮言『祭用數之扐』是也。或謂『指閒爲扐』，非也。揚子雲作『艻』，亦謂蓍之餘數，豈以『草閒』爲『艻』耶？」（晦庵集卷六十六雜著蓍卦考誤）

然亦有未是者。蓋爲此説者曰：「以掛象閏而已，故必曰後二變者不掛，而但有扐也。不掛爲無閏之歲，故曰『再扐而後掛』也。」審如其説，則當曰「三歲一閏」；否，當曰「六歲再閏」，不應曰「五歲再閏」，使「五」與「再」皆爲剩字，而「再扐」、「再閏」之文兩不相應。若以掛象閏，當以「再掛」象「再閏」，方得兩「再」字相應。且自「分、掛、揲、歸」皆有所象，獨「扐」無象乎？扐無象，而又曰「歸奇於扐」，則「扐」亦爲剩字矣。愚故合二説而折之曰：合掛與扐皆以象閏也。

或曰：「以『再扐』應『再閏』，而不及掛，則掛非閏也。」

曰：「歸奇於扐」，則以扐爲主。以扐爲主，故以「再扐」應「再閏」。然掛實其起積之端，故又曰「再扐而後掛」也。分先於掛，如掛非象閏，則應曰「再扐而後分」，不應曰「再扐而後掛」，使「掛」又爲剩字也。是故以掛象閏者，横渠及郭氏之説也；〔一〕以扐象閏者，疏家及朱子之説也。〔二〕合掛與扐皆以象閏，則愚之私見也。〔三〕

〔一〕張載云：「『奇』，所掛之一也。『扐』，左右手四揲之餘也。『再扐後掛』者，每成一爻而後掛也，謂第二、第三揲不掛也。閏常不及三歲而再至，故曰『五歲再閏』。此『歸奇』必俟於『再扐』者，象閏之中閒再歲也。」（見大易粹言卷六十六）郭忠孝云：「『奇』者，所掛之一也。『扐』者，左右兩揲之餘也。得左右兩揲之餘置於前，以奇歸之也，『歸奇象閏』也。『五歲再閏』，非以『再扐』象『再閏』也，蓋閏之後有再歲，故『歸奇』之後亦有『再扐』也。再扐而後復掛，掛而復歸，則『五歲再閏』之義矣。自唐初以來，以『奇』爲『扐』，故揲法多誤。至横渠先生，而後『奇』、『扐』復分。」又云：「『扐』者，數之餘也，如禮言『祭用數之仂』是也。或謂『指閒爲扐』者，非。繫辭言『歸奇於扐』，則『奇』與『扐』爲二事也；又言『再扐而後掛』，則『扐』與『奇』亦二事也。由是，知正義誤以『奇』爲『扐』，又誤以『左右手揲』爲『再扐』，如曰『最末之餘，歸之合於扐

掛之一處』。其説自相抵捂，莫知所從。惟當從横渠先生之説爲正。」（同上）

〔二〕孔穎達云：「『分而爲二以象兩』者，五十之内去其一，餘有四十九，合同未分。今以四十九分而爲二，以象兩儀也。『掛一以象三』者，就兩儀之閒，於天數之中，分掛其一，以象三才也。『揲之以四以象四時』者，分揲其蓍，皆以四四爲數，以象四時。『歸奇於扐以象閏』者，『奇』謂四揲之餘，歸此殘奇於扐而成數，以象天道歸殘聚餘，分而成閏也。『五歲再閏』者，凡前閏、後閏，相去大略三十二月，在五歲之中，故『五歲再閏』。」（周易正義卷七繫辭上）朱熹云：「『兩』，謂天、地也。『掛』，懸其一於左手小指之閒也。『三』，三才也。『揲』，閒而數之也。『奇』，所揲四數之餘也。『扐』，勒於左手中三指之兩閒也。『閏』，積月之餘日而成月者也。五歲之閒，再積日而再成月，故五歲之中，凡有再閏，然後别起積分；如一掛之後，左右各一揲而一扐，故五者之中，凡有再扐，然後别起一掛也。」（周易本義卷七繫辭上傳）

〔三〕李光地云：「大約孔疏、本義則以『左右揲餘』爲『奇』，而即以『再扐』象『再閏』；張子、郭氏則以先『掛一』者爲『奇』，而歸之於『扐以象閏』。其説謂：惟初變掛一，而後二變不掛，故初歲有閏，又須更越二歲；如初變有掛，又須更越二變，以應『再扐後掛』之文也。如郭氏説，則『再閏』、『再扐』兩『再』字，各異義而不相應。故須以朱子之論爲確。然以「歸奇」爲「歸掛一之奇」，則自虞翻已爲此說。且玩經文語氣，「歸奇於扐」，「奇」與「扐」自是兩物，而併歸一處爾。此義則郭氏之説可從。蓋疏、義之意，是以扐象閏也；張、郭之意，是以掛象閏也。今折其中，則掛、扐皆當併以象閏。以天道論之，氣盈、朔虚必併爲一法；以筮儀論之，掛與扐必併在一處。以經文考之，曰「歸奇於扐」，又曰「再扐後掛」，則「象閏」者，當併掛與扐，明矣。」（周易折中卷十四繫辭上傳）

3.12

論掛扐二

掛爲氣盈，扐爲朔虚。氣盈，則攬期之成數而可知，故分二之後，即除一而掛之也。朔虚者，計每月之空分而後得，故逐揲之後，乃存餘而扐之也。歸氣盈於朔虚，而閏法立，故「歸奇於扐以象閏」也。〔一〕

〔一〕「歸奇於扐以象閏」，周易繫辭上傳文。

閏餘生於朔，不盡周天之氣，則朔虚者，閏之本法，而氣原無盈也。據十二月之成數而先除之，則謂之「盈」；據十二揲之全策而先去之，則謂之「掛」。及其積也，通謂之「朔虚」可也。故既歸掛於扐，則可以扐概之。以再扐象再閏，而不復及掛者，以此也。

然古人以三百有六旬爲期之整數，則氣盈者，其起積之端矣；以四十八策爲蓍之整數，則掛一者，亦其起積之端矣。雖以再扐象再閏，而又必曰「再扐而後掛」者，〔一〕以此也。

〔一〕「再扐而後掛」，周易繫辭上傳文。

3.13

論掛一

後代多以卦爻應曆，孔子未言也。獨此節以蓍數象四時閏分期日之屬，則疑惟此數與曆法合。蓋推策迎日，古有是法矣。唐一行以四十八策應四十八弦之數。然所謂「弦」者，以實弦論也，故總四十八弦，僅得三百五十四日餘，而所閏十二日，則掛一之策纔應一弦，而不足以周之。是以一行之法，閏分餘於掛一之外也。

愚謂：以策應弦是也，然當以三百六十之期數爲節而應經弦，不當以三百五十四日餘之歲數爲節而應實弦也。經弦者，七日有半也。一年三百六十五日四分日之一，以日法四乘之，得一千四百六十一；以月法三十除之，得四十八十分之七。四十八十分之七者，一歲之弦數也。四十八策應經弦之外，掛一爲畸零之策，且在用、不用之閒，虚一者全不用，餘策全用，惟掛一者半用而半不用。是與十分之七相應，而爲五日四分日之一之贏分也。

或曰：「掛一之策退爲七分，則與一行進分之病等爾。」

曰：七分之源，出於康節，所謂「卦用八，蓍用七」者是也。[一]八者，四正、四隅，除中宫之數；七者，一歲生物，除不用之數。故蓍策之窮於七七者，用數也，[二]則其畸零之策在乎用、不用之閒者，以七裁之可矣。況一歲之分，乘而除之，則四十八爲整數，而一得七分，此有法之分也。一行以四十九皆爲整數，而旋加分以合歲分，此無法之分也。一行蓋亦不以扐象閏，而欲以一歲閏分盡寄之掛之一策故也。

〔一〕邵雍云：「蓍數不以六而以七，何也？并其餘分也。去其餘分則六，故策數三十六也。是以『五十』者，六十四卦閏歲之策也。『其用四十有九』，六十四卦一歲之策也。『歸奇』『掛一』，猶一歲之閏也。」（皇極經世書卷十三觀物外篇上）

〔二〕周易繫辭上傳云：「大衍之數五十，其用四十有九。」

3.14

論策數

朱子以掛扐之數爲七、八、九、六之母，策數爲七、八、九、六之子，其辯詳於啓蒙、考誤諸書。〔一〕

〔一〕「啓蒙」，謂易學啓蒙。「考誤」，謂蓍卦考誤，見晦庵集卷六十六。

然考之於經，則策數者，以象四時者也，以當期日者也；掛扐者，以象閏者也。一期四時三百有六旬，此正數也，當爲母；盈虛之分，是餘數也，當爲子。有正數而後有餘數，不應以餘而先正，一也。又果定七、八、九、六者以掛扐爲重，則經當曰「乾、坤掛扐若干，二篇掛扐若干」。今數策而不數掛扐，二也。

蓋策之爲七、八、九、六也，其數顯然，不必計方圓、全半而後合，〔一〕則知啓蒙、考誤諸辯，猶朱子未定之説也。

〔一〕「方圓」，周易繫辭上傳云：「蓍之德圓而神，卦之德方以知。」

然掛扐之與策數相應，則亦有自然之法象存焉。九揲者，其掛扐三揲，則乾老陽，三畫之象也；六揲者，其掛扐亦六揲，則坤老陰，六畫之象也；七揲者，其掛扐五揲，則震、坎、艮三少陽，五畫之象也；八揲者，其掛扐四揲，則巽、離、兑三少陰，四畫之象也。此則邵氏、蘇氏之説可參用者。〔一〕

〔一〕「邵氏」，謂邵雍。「蘇氏」，謂蘇軾。

大抵易言「四象」有二：「兩儀生四象」，〔一〕以卦畫言者也；「易有四象，所以示也」，〔二〕以蓍數言者也。在卦畫者，既以位次而涵蓍數；在蓍數者，又以餘積而涵卦畫。其錯綜變化，固無不合。而易所謂「用九」、「用六」之名，〔三〕與凡「七日」、「八月」之象，〔四〕則專取夫揲蓍而施於用者爾。

〔一〕「兩儀生四象」，周易繫辭上傳文。

〔二〕「易有」至「示也」，周易繫辭上傳文。

〔三〕李光地云：「爻辭雖所以發明乎卦之理，而實以爲占筮之用，故以九、六名爻者，取用也。爻辭動則用，不動則不用。卦辭則不論動、不動而皆用也，但不動者，以本卦之彖辭占；其動者，則合本卦、變卦之彖辭占。如乾之六爻全變則坤，坤之六爻全變則乾也。先儒之説，以爲全變則棄本卦而觀變卦，而乾、坤者，天地之大義，乾雖變坤，未可純用坤辭也；坤雖變乾，未可純用乾辭也，故别立用九、用六，以爲皆變之占辭。此其説亦善矣。以理揆之，則凡卦雖全變，亦無盡棄本卦而不觀之理，不獨乾、坤也。故須合本卦、變卦而占之者近是。如此則乾變坤者，合觀乾辭與坤辭而已；坤變乾者，合觀坤辭與乾辭而已。但自乾而坤，則陽而根陰之義也；自坤而乾，則順而體健之義也。合觀卦辭者，宜知此意，故立用九、用六之辭以發之。蓋羣龍雖現而不現其首，陽而根陰故也；永守其貞而以大終，順而體健故也。此亦因乾、坤以爲六十四卦之通例。如自復而姤，則長而防其消可也；自姤而復，則亂而圖其治可也。固非乾、坤獨有此義而諸卦無之也。聖人於乾、坤發之，以示例爾。然乾雖不變，而用九之理自在，故『乾元』無端，即『无首』之妙也；坤雖不變，而用六之理自在，故坤『貞』能『安』，即『永貞』之道也。陰陽本自合德者，交易之機，其因動而益顯者，則變易之用，學易者尤不可以不知。」（周易折中卷一上經乾）

〔四〕周易復卦辭云：「反復其道，七日來復。」臨卦辭云：「元亨，利貞。至于八月，有凶。」陸振奇云：「日，陽象也；月，陰象也。八，少陰之數也；七，少陽之數也。故言陰來之期曰『八月』，言陽來之期曰『七日』。」（易芥卷三）李光地云：「『八月』、『七日』，説者多鑿。陸氏之説，最爲得之。蓋陽數窮於九，則退而生少陰之八；陰數窮於六，則進而生少陽之七。七、八者，陰、陽始生之數也。若拘拘於卦氣、月候之配，則震、既濟之『七日』，與夫『三日』、『三年』、『十年』之類，皆多不可通者矣。」（周易折中卷九象上傳臨）又云：「『八月』、『七日』之説，以卦氣推者多鑿。蓋陰窮於六而進，則少陽生於七；陽窮於九而退，則少陰生於八。七、八者，陰、陽始生之數也，陽則曰日，陰則曰月。」（周易觀象卷四上經四臨）

3.15

論筮法變卦

啓蒙變卦之法備矣，然愚竊有疑者。

蓋其法惟六爻不變者占卦辭；至六爻皆變，則占變卦之卦辭；變至三爻，則又兼占兩卦之卦辭：卦辭之用，只此三者而已。

一爻、二爻動，則占本卦之動爻；四爻、五爻動，則占變卦之不動爻：此則爻辭之用也。

審若此，則卦辭之用，有所不周矣。又審若此，則爻之用，半用九、六而半用七、八矣。且考之春秋内、外傳諸書，不論動靜及變爻之多少，皆先論卦之體象及其辭以立説，意此其本法也。

蓋一卦各變六十四卦，故隨其動靜及變爻之多少而貞悔不同，固無嫌乎卦辭之用之爲重複也。惟一爻動者，則於爻辭必專用焉，然猶未嘗不先以兩卦之體。此蓋歷據古人之法而可見者。蓋必如此，而後卦之用周，而後爻之九、六之用爲有

定。而所謂兼用兩爻，及用變卦之不動爻者，求之古人，似無其説焉。此愚之所以疑，而祇存其論也。〔一〕

〔一〕「祇」原作「祗」，今改。榕村本、陳本作「別」。

3.16

論筮法變卦二

左氏傳晉文公之筮「得貞屯、悔豫皆八」；〔一〕穆姜之筮得「艮之八」，「是謂艮之隨」；〔二〕又董因爲晉文公筮「得泰之八」：〔三〕此三筮所謂「八」者，皆莫明其説。杜元凱謂「連山、歸藏易用七、八」者，既鑿而無據，朱子以爲其不動之爻皆八，於文意亦不相似。且董因之筮乃泰，六爻皆不變者，尤不得以此説也。

〔一〕「得貞」至「皆八」，文見國語晉語四。李光地以此爲左傳文，乃誤記。韋昭國語注云：「内曰貞，外曰悔。震下坎上，屯；坤下震上，豫。得此兩卦，震在屯爲貞，在豫爲悔。『八』，謂震兩陰爻在貞、在悔皆不動。故曰『皆八』，謂爻無爲也。」

〔二〕「艮之八」、「是謂艮之隨」，文見襄九年左傳。杜預注云：「周禮：『太卜掌三易。』然則雜用連山、歸藏、周易。二易皆以七、八爲占，故言『遇艮之八』。史疑古易遇八爲不利，故更以周易占，變爻，得隨卦而論之。」（見春秋左傳正義卷三十）

〔三〕「得泰之八」，文見國語晉語四。李光地以此爲左傳文，亦誤記。韋昭國語注云：「乾下坤上，泰。遇泰無動爻，筮爲侯。泰三至五，震爲侯。陰爻不動，其數皆八，故得『泰之八』，與『貞屯、悔豫皆八』義同。」

竊意古法之用卦辭者，不論動、不動及動爻之多寡，而皆用之者也。其用爻辭者，惟一爻專動而後用之者也。當時用爻辭者，則以九、六爲標識，因揲蓍之法，爻以九、六變也；用卦辭者，則以八爲標識，因畫象之法，卦以八成也。故「貞屯、悔豫」，則三爻變，而無專動之爻矣；「艮之隨」，則五爻變，而亦無專動之爻矣；泰卦不變，則亦無所動之爻矣。凡此者，於法皆當占卦，故並曰「八」也。

但變自三爻以下及不動者，則當以本卦之辭爲主，以董因引「泰，小往大來」者推之也；變自四爻以上及全變者，則當以變卦之辭爲主，以穆姜引「隨，元亨，利貞」者推之也；變上三爻，則當兼論兩卦之辭，以司空季子占「貞屯、悔豫」曰

「皆利建侯」者推之也。

經傳之例雖不能備，而其可推見者如此。至於一爻專動，以九、六爲標識，固已然。不曰「得某卦之某九、某六」，而必曰「得某卦之某卦」，則益以明雖用爻辭者，未嘗不先以兩卦之體，其説信也。

3.17

論筮法變卦三〔一〕

自六畫之卦而又加一卦，則增長至於十二畫矣，故曰「引而伸之」也。自一卦之義而又益以一卦之義，隨其所當，可以比附，故曰「觸類而長之」也。必如是，而後「天下之能事畢」者，何也？〔二〕

〔一〕「三」字原無，今據榕村本、陳本補。

〔二〕周易繫辭上傳云：「引而伸之，觸類而長之，天下之能事畢矣。」李光地云：「六十四卦變爲四千九十六卦之法，即如八卦變爲六十四卦之法，畫上加畫，至於四千九十六卦，則六畫者積十二畫矣，如引寸以爲尺，引尺以爲丈，故曰『引而伸之』。聖人設六十四卦，又繫以辭，則事類大略已盡，今又就其變之所適而加一卦焉，彼此相觸，或相因以相生，或相反以相成，其變無窮，則義類亦無窮，故曰『觸類而長之』。如此則足以該事變而周民用，故曰『天下之能事畢』。」（周易折中卷十四繫辭上傳）

曰：一卦各變爲六十四卦，則其貞、悔之間，一反一覆，而義於焉變矣。如「貞屯、悔豫」者，〔一〕文公備嘗險阻艱難而通亨之象也；「艮之隨」者，〔二〕穆姜宜守婦道，以靜而止，而乃以喜隨人之象也。若得豫之屯、隨之艮，賓主先後不同，則其義當又別。其餘占例，大抵皆然。此六十四卦之變，所以能盡天下之無窮。聖人之所以「成能」，百姓之所以「與能」者，〔三〕莫不具於其中，故曰「能事畢」也。

〔一〕「貞屯、悔豫」，文見國語晉語四。參見本卷第十六條。

〔二〕「艮之隨」，文見襄九年左傳。參見本卷第十六條。

〔三〕周易繫辭下傳云：「天地設位，聖人成能。人謀鬼謀，百姓與能。」

若不先論卦而但論爻，則其用反有所限。且用爻者，似亦未嘗不兼用變卦之爻，晉獻公之筮曰「歸妹、睽孤」者是也。〔一〕至於筮法曰「某卦之某卦」者，蓋立八卦爲主，則八卦貞也，旋而加之者悔也，故曰「貞風、悔山」，〔二〕是蠱乃巽所統之卦也；立六十四卦爲主，則六十四卦貞也，旋而變成者悔也，故曰「貞屯、悔豫」，是豫乃屯所統之卦也。曰「某之某」者，義蓋如此。今人以之卦爲名，似非文意，但當曰「變卦」則可爾。

〔一〕「歸妹、睽孤」，文見僖十五年左傳。「獻公」原作「懷公」，榕村本、陳本同，今據左傳改。僖十五年左傳云：「初，晉獻公筮嫁伯姬於秦，遇歸妹之睽。史蘇占之曰：『不吉。歸妹、睽孤，寇張之弧。』」杜注云：「兑下震上，歸妹。兑下離上，睽。歸妹上六變而爲睽。『寇張之弧』，此睽上九爻辭也。處睽之極，故曰『睽孤』。失位孤絶，故遇寇難而有弓矢之警，皆『不吉』之象。」（見春秋左傳正義卷十四）

〔二〕僖十五年左傳云：「蠱之貞，風也；其悔，山也。」杜注云：「内卦爲貞，外卦爲悔。巽爲風，秦象；艮爲山，晉象。」孔疏云：「筮之畫卦從下而始，故以下爲内，上爲外。此言『貞風，悔山』，知内爲『貞』，外爲『悔』。洪範論筮云『曰貞，曰悔』，是筮之二體有『貞』、『悔』之名也。『貞』，正也。筮者先爲下體，而以上卦重之，是内爲正也；乾之上九稱『亢龍有悔』，從下而上，物極則悔，是外爲悔也。凡筮者先爲其内，後爲其外；内

卦爲己身，外卦爲他人，故巽爲秦象，艮爲晉象。」（春秋左傳正義卷十四）

3.18

論貞勝貞一

「貞勝」者，〔一〕非謂正道勝也，亦非謂常相勝也，蓋言以常者爲勝也。夫善而遇凶、惡而獲吉者有矣，然非其常也，偶也。偶者不足以勝常，故曰「貞勝」也。天地之道，有反易焉，然以其常者觀示也；日月之道，有晦蝕焉，然以其常者著明也。天下之動，所爲以常爲勝者，亦常夫一理而已矣。順理則吉，逆理則凶，此則其常也。

〔一〕周易繫辭下傳云：「吉凶者，貞勝者也。」李光地云：「『貞勝』之義，張子以爲『以正爲勝』，朱子以爲『二者常相勝』，今玩文義，當爲『以常爲勝』。蓋天下容有善而遇凶、惡而獲吉者，然非其常也，惠迪吉、從逆凶乃理之常，故當以常者爲勝，如天地則以常者觀示，日月則以常者照臨，偶有變異，不足言也。天下之動，豈不常歸於一理乎？」（周易折中卷十五繫辭下傳）

惟其以一者爲常也，是故塗雖殊而歸則同，慮雖百而致則一。天地之寒暑，雖有往來，然往者即所以爲來者，其爲成歲不異也，是其所謂「貞觀」者也。日月之晦明，雖有往來，然往者即所以爲來者，其爲生明不異也，是其所謂「貞明」者也。天下之動，或伸或屈，然屈者即所以爲伸者，其爲生利不異也，是其所謂「貞夫一」者也。〔一〕

〔一〕周易繫辭下傳云：「天地之道，貞觀者也。日月之道，貞明者也。天下之動，貞夫一者也。」李光地云：「其歸於一理，蓋吉凶之遇，善惡參差，故有僥倖獲福、无妄生災者，然非其常也，必以其常者爲勝。如天地之道，以常者而觀示；日月之道，以常者而光明。然則天下之動，所謂『常』者，亦常夫一理而已矣，順理則『吉』，逆理則『凶』也。」（周易觀彖卷十一繫辭下傳）

夫子引十一爻者，〔二〕以括天下之動。雖然，咸四之義其首也。人心之所以憧憧者，動於利害之私耳。其動於利害之私者，感於吉凶之無定耳。知其以常者爲勝，則吉凶定矣；知其以一者爲常，則吉凶之理得矣。夫是以不遷於往來之途，不動於屈伸之迹，守吾貞焉而萬感定。爻之所謂「貞吉，悔亡」者，此也。〔三〕下十爻之義，皆可以即此而推之。

〔二〕謂周易繫辭下傳「易曰：『憧憧往來，朋從爾思』」以下十一爻也。「憧憧」至「爾思」，周易咸九四爻辭。

〔三〕「貞吉，悔亡」，周易咸九四爻辭。李光地云：「三陽居中，而九四又居三陽之中，心之象也。且自下而上，正當心位，故因之而明感應之理。人心之用，感應而已，故不言『咸其心』，以別於諸爻也。人心之用，守其正而固焉，則有以極感應之善，而無愧怍悔恨之累。此所以『吉』而『悔亡』也。」（周易觀彖卷六下經一咸）

3.19

論一君二民二君一民

辭之「吉、凶、悔、吝」，生於卦之小大。六十四卦之小大，生於八卦之小大。是故知八卦之所以分陰、陽者，而易之大義可識矣。震、坎、艮多陰而爲陽卦者，陽卦主於奇也；巽、離、兑多陽而爲陰卦者，陰卦主於耦也。蓋奇陽爲君，耦陰爲民。「一君」，則是君之權一而君爲主，君爲主則民聽命，所以爲君子之道也；「二

君」，則是君之權分而民反爲主，民爲主則君失職，所以爲小人之道也。〔一〕

〔一〕周易繫辭下傳云：「陽一君而二民，君子之道也；陰二君而一民，小人之道也。」朱熹云：「『君』，謂陽。『民』，謂陰。」（周易本義卷八繫辭下傳第六）朱震云：「陰、陽二卦，其德行不同，何也？陽卦一君而偏體二民，二民共事一君，一也，故爲『君子之道』。陰卦一民共事二君，二君共爭一民，二也，故爲『小人之道』。」（漢上易傳卷八）

是故陰、陽之始也，但有君、民主役之分，而未有君子、小人善惡之别。惟爲主者不失其主之道，則役效於主而陰亦陽矣，夫然後君子之名立焉；惟爲役者不安其役之義，則主役於役而陽亦陰矣，夫然後小人之名立焉。

君子、小人之名既立，此人之所以有邪正，世之所以有治亂，而未有已也。三畫之卦取類如此，故六畫之卦取類如之。如剥、復、師、比、謙、豫雖一陽也，而以陽爲主；夬、姤、同人、大有、畜、履雖一陰也，〔二〕而以陰爲主。餘則亦以其内外、賓主而辨消長之分，因其貴賤、上下而明進退之情。是夫子所謂「卦有小大，辭有險易」者，〔三〕而八卦其根也。

〔二〕「畜」，謂小畜也。

〔三〕「卦有」至「險易」，周易繫辭上傳文。

夫象者，材也。卦之剛柔雜居，此其所取之材，而以定一卦之吉凶者也。是故聖人推其原於陰、陽卦，以明材之所以區而別者，以此。

3.20

論初難終易

惟象之繫也，原始而要終，故爻之繫也，其於初辭，亦必擬而議之，而卒則成其終而已。此初所以「難知」，而上所以「易知」也。〔一〕

〔一〕周易繫辭下傳云：「其初難知，其上易知，本末也，初辭擬之，卒成之終。」李光地云：「凡爻辭，初則難知，上則易知，以初爲時義之基本，而上則其時勢之所極也。故學易者，於初辭必加擬議之功，而於卒也則但成其所究竟而已。」（周易觀彖卷十一繫辭下傳）

以乾、坤兩卦言之，乍觀「潛龍」之辭，則未知其所指也，至於知初之爲

「潛」，則知上之必「亢」矣；[一]乍觀「履霜」之辭，亦未知其所指也，至於知初之爲「凝」，則知上之必「戰」矣。[二]

[一]周易乾初九爻辭云：「潛龍勿用。」上九爻辭云：「亢龍有悔。」

[二]周易坤初六爻辭云：「履霜，堅冰至。」上六爻辭云：「龍戰於野，其血玄黃。」

蓋初、上雖非當時，而實時之所以造端究竟；雖非正位，而實位之所以立本觀成。時之變、位之分，惟聖人爲能審其精焉。至於造端立本者既得，則所以究其竟而觀其成，其則不遠矣。傳所謂「本末」之意，蓋如此。

3.21 論中爻之備

初、上二爻，事外者也。中四爻，事中者也。[一]以時言之，則自始之中，以至終之中，莫非有事之時也；以位言之，則自出潛離隱，以至席尊履貴，莫非有事之位也。如下文所謂「多懼、多譽」、[二]「多凶、多功」，[三]皆惟其有事故如此。易者，吉凶生大業之書，故惟此四爻者，於卦之義極相當對。發卦之蘊者，必於是而始備也。

〔一〕周易繫辭下傳云："雜物撰德，辨是與非，則非其中爻不備。"李光地云："適時、當事在中四爻，故錯雜貴賤之物，撰述剛柔之德，以辨其所處之是非者，必於是而始備也。"（周易觀彖卷十一繫辭下傳）

〔二〕周易繫辭下傳云："二與四，同功而異位，其善不同。二多譽，四多懼，近也。"

〔三〕周易繫辭下傳云："三與五，同功而異位。三多凶，五多功，貴賤之等也。"

若初、上兩爻，非無時位，然以時言之，則爲事之將然及其已往，以位言之，則爲人之未遇及其已退，往往在於咎譽幸功之外，而於本卦截定之分限，蓋有不相當直者。聖人於此，或發其未然之戒與其過中之坊，或示其始進之基與其持盈之道，雖一一根於卦義，而實出於卦之前後旁外以周旋之。故卦有初、上二爻，而後時變窮；有中四爻，而後時義備。

3.22

論觀彖過半

文王既名卦，而繫之辭矣。然其繫辭也，必雜取夫卦義。其取夫卦義也，又取諸爻之剛柔、上下、内外、比應、善惡、當否者爲多。故名之所以命也，閒用主爻之義，然以兩象、二體爲括要之宗者也；辭之所以繫也，兼論二體之德，然以六爻剛柔爲取用之材者也。惟其如是，是以六爻未繫，而其粲然分列者，已具於渾然涵蓄之中。周公之繫爻也，蓋本此以爲權度者也，或彖辭所耑指之爻，則其意可以發明；或彖辭所未及之爻，則其義可以推廣。

文、周一心者也，彖、爻一貫者也。故夫未觀爻辭者，擬議懸度，可以預知其得失之所歸；已讀爻辭者，尋繹覆視，可以確定其吉凶之有故。吁！此智者之事，學易之方也。

以乾、坤兩卦言之，「元亨，利貞」者，彖辭也。〔一〕夫重乾、重坤之象，天、地無兩也，著其周復一周、氣化循環之義而已。「元亨，利貞」，「貞」復啓「元」，此彖辭所以發卦象之藴也。〔二〕然而「大明終始」者，有六位以時成於其中。〔三〕故自下卦言之，初爲「元」，二爲「亨」，三則爲「利貞」矣；自上卦言之，四又爲「元」，五又爲「亨」，上又爲「利貞」矣。

謂卦辭也。

〔一〕周易乾卦辭云：「元亨，利貞。」坤卦辭云：「元亨，利牝馬之貞。」李光地此云「彖辭」，亦謂卦辭也。

〔二〕李光地此云「彖辭」，亦謂卦辭也。

〔三〕周易乾彖辭云：「大明終始，六位時成。」朱熹云：「『始』，即『元』也；『終』，謂『貞』也。不終則无始，不貞則无以爲元也。此言聖人大明乾道之終始，則見卦之六位各以時成。」（周易本義卷三彖上傳第一）李光地云：「乾道始終，備於六位。故初爲下卦之始，二居其中，三則其終也；四爲上卦之始，五居其中，上則其終也。六位布列，如四德之循環，是則大明乾道之終始者，六位固以時而成矣。」（周易觀彖卷一上經一乾）

乾初，下卦，勿用而已；四，上卦，將用而疑，猶勿用也，此皆厚養待施，「元」之意也。二，下卦，以德使天下文明；五，上卦，以德位使天下治，所謂「雲行雨施」，〔二〕「亨」之意也。三，下卦之極，以乾惕而无咎；上，上卦之極，以亢而悔，蓋高則必危，而盈不可久，「利貞」之意也。

〔二〕「雲行雨施」，周易乾彖辭文。

坤初，下卦，故曰「始凝」；四，上卦，故曰「天地閉」，皆慎微養晦，亦「元」之意也。二，下卦，有「直方」之德；五，上卦，有「黄裳」之美，所謂「含弘光大」，〔二〕亦「亨」之意也。三，下卦之極，故含章而无成；上，上卦之極，故疑陽而必戰，蓋讓陽則吉，抗陽則凶，「利牝馬貞」之意也。

〔二〕「含弘光大」，周易坤彖辭文。李光地云：「『含弘』，言其養育之深涵而廣被；『光大』，言其發達之高大而光明。」（周易觀彖卷一上經一坤）

是則「六爻發揮」，乃所以旁通其情，〔一〕而於彖辭之藴，亦無加焉。六十四卦之義，以是推之，無不得者。觀彖而思過半者，〔二〕豈不信哉？聖人教人讀易，莫深切於此章矣。〔三〕

〔一〕周易乾文言云：「六爻發揮，旁通情也。」

〔二〕周易繫辭下傳云：「知者觀其彖辭，則思過半矣。」蘇軾云：「彖者，常論其用事之爻，故觀其彖則其餘皆彖、爻之所用者也。」（東坡易傳卷八）

〔三〕李光地云：「彖辭之繫，文王蓋統觀六爻以立義者，如屯則以初爲侯，蒙則以二爲師，師則以二爲將，比則以五爲君，其義皆先定於彖，爻辭不過因之而隨爻細別耳。其爻之合於卦義者吉，不合於卦義者凶，故彖辭爲綱領而爻其目也，彖辭爲權衡而爻其物也。總之於綱，則目之先後可知；審之於權衡，則物之輕重可見。夫子彖傳既參錯六爻之義以釋辭，示人卦、爻之不相離矣，於此又特指其要而切言之，讀易之法莫先於此。」（周易折中卷十五繫辭下傳）

3.23

論二四遠近

凡九二應六五者，多吉。蓋居下則宜有實德，故貴於剛；在上則宜虛中以下交，故貴於柔也。六四承九五者，多吉。蓋近上則宜有小心，故貴於柔；君必有剛明之德，然後可以行其道，故貴於剛也。若以陰應陰、以陽應陽、以陰承陰、以陽承陽，則皆無相取之義。

其或以時義所當，閒有取者，然非正例也。如六二以陰應九五之陽，九四以陽承六五之陰，皆不得爲善美。何則？居下而柔，則有援上之嫌；處近而剛，則有專己之失也。然以六二之雖柔而中也，故爲能以中正自守，其應九五，猶多吉義。惟九四承六五，剛而不中，以處偪近之地，〔一〕則其危厲甚矣。

〔一〕「偪」，同「逼」，近也。

是故「二多譽，四多懼」者，〔二〕統言之也。又云「柔之爲道，不利遠者」，〔三〕以見二雖「多譽」，然惟以剛應柔者多爾；且見四雖「多懼」，然惟以剛承柔者多爾。若以柔承剛，則無凶害，柔之爲道利近故也；以柔應剛，則不純吉，柔之爲道不利遠故也。然惟二之中也，故剛固有譽，柔亦次之，是以統之以「多譽」也；惟四之不中也，故剛固可懼，柔亦未嘗忘懼也，是以統之以「多懼」也。

〔二〕周易繫辭下傳云：「二多譽，四多懼，近也。」李光地云：「『四多懼』以其近，則『二多譽』以其遠矣。」（周易觀彖卷十一繫辭下傳）

〔三〕周易繫辭下傳云：「柔之爲道，不利遠者，其要无咎，其用柔中也。」李光地云：「柔無任重之材，遠非所利也，而易例亦多无咎者，以柔而中，歸於寡過爾。以是推之，四雖多懼而柔亦无咎，以柔不利遠則利近也。故易中以六四承九五，皆有吉而無凶。其以九四承六五，則凶者多矣。若以柔承應於柔、以剛承應於剛者，則隨其時義而取類，要

皆不越乎『譽』、『懼』之意。」（周易觀象卷十一繫辭下傳）

3.24

論二四遠近二

遠多譽而近多懼，何也？

曰：夫月遠日則明生，近日則光失，可見遠之多譽而近之多懼也。試以天地言之，則西南之方如月之望，所謂遠也。月受日之光，地受天之施，配而不嫌於敵，盛而不疑於偪，〔一〕故在傳曰「『西南得朋』，乃與類行」。〔二〕言致役於帝以養萬物，則雖朋類衆多，共效陰職，乃分之宜也。

〔一〕「偪」，同「逼」，近也。

〔二〕「西南」至「類行」，周易坤彖辭文。李光地云：「西南之方，陰協力以代陽，故君子於此則利於『得朋』者，謂在此乃可與類行也。」（周易觀象卷一上經一坤）

東北之方如月之晦朔，所謂近也。日與月合，天與地交，月則匿其明，地則閟其氣，故在傳曰「『東北喪朋』，乃終有慶」。〔一〕言告成於陽以爲終，稟承於陽以爲始，終始之際，惟陽之順，無有朋私也。

〔一〕「東北」至「有慶」，周易坤彖辭文。李光地云：「東北之方，陰歸功於陽，承之以動而無所自作，故君子於此則利於『喪朋』者，謂如此乃能保其終之『有慶』也。」（周易觀彖卷一上經一坤）

是故遠則貴於剛者，如月之藉日光，地之載天氣，柔其質，剛其用，以君父之靈濟君父之事，則剛者貴矣。近則貴於柔者，如月之終魄於東而載魄於西，地之安守於貞而順承於元，純陰至順，終君父之功，以聽君父之命，則柔者貴矣。

蓋不特位之遠近然也。凡受事分職之時，皆西南也，皆遠之屬也；凡歸功稟令之時，皆東北也，皆近之屬也。自坤彖發其義，而六十四卦視焉，是臣之則也。

3.25 論三五剛柔

「三多凶，五多功」，〔一〕亦統言之也。又曰：「其柔危，其剛勝耶？」〔二〕言三雖「多凶」，然惟柔處之，則至危；若以剛居之，則或能自强，而凶可免也。然猶疑其辭者，庶幾而不盡然也，此所以爲「多凶」也。

〔二〕周易繫辭下傳云：「三多凶，五多功，貴賤之等也。」李光地云：「三雖多凶，然以剛居之，則或能勝其任。以是推之，於五，則六五亦必不如九五之功多矣。」（周易觀彖卷十一繫辭下傳）

〔三〕「其柔」至「勝耶」，周易繫辭下傳文。

以是而例於五，則「多功」者，亦惟剛者爲多；若以柔居之，則雖因時而有用柔之善，然功不若九五之多矣。蓋「柔不利遠」、「以中」、「无咎」，爲二言之也，〔一〕而因可以例於四；「柔危」、「剛勝」，爲三言之也，而因可以例於五。聖人之言，有舉一隅而足者，皆此類也。

〔一〕周易繫辭下傳云：「二多譽，四多懼，近也。柔之爲道，不利遠者，其要无咎，其用柔中也。」李光地此云「以中」，指「用中」而言。

或曰：「三、四皆高位，而四益高，四止『多懼』，三遂『多凶』，何也？」

曰：近而親者，懼而已矣；遠而任者，釁可致焉。不遠不近之閒，於情則未乎，〔一〕於勢則猶阻，於任則已重，於責則已切，於進退則已難，於牽掣則已多，此其所以「多凶」也。

〔一〕「乎」，信也。

凡易之情，莫重乎比、應。五位之尊，四比而二應之。〔二〕三雖近高，而無比、應，其爲危也，不亦宜乎？自乾卦六爻之辭，而二、五之功譽，三、四之凶懼，〔三〕皆發其端矣。六十四卦，以是推之。

〔二〕「四」原作「有」，今據榕村本、陳本改。李光地云：「『應』者，上下體相對應之爻也。『比』者，逐位相比連之爻也。易中比、應之義，惟四與五比、二與五應爲最重，蓋以五爲尊位，四近而承之，二遠而應之也。然近而承者，則貴乎恭順小心，故剛不如柔之善；遠而應者，則貴乎强毅有爲，故柔又不如剛之善。凡比與應，必一陰一陽，其情乃相求而相得。若以剛應剛，以柔應柔，則謂之『無應』。以剛比剛，以柔比柔，則亦無相求相得之情矣。」（周易折中卷首義例）

〔三〕李光地云：「易爻三、四皆居高位，危疑之際、凶懼之地也。四近君位，故以多懼而疑；三處下上，故以多凶而危。」（周易觀彖卷一上經一乾）

3.26

論愛惡遠近情僞

「愛惡」，以爻之時言也，〔一〕如在泰則交、在否則不交、在隨則相從、在睽則相離之類是也。

〔一〕李光地云：「『愛惡』者，時所生，如泰則交，否則隔，同人則同，睽則異也。」（周易觀彖卷十一繫辭下傳）

「遠近」，以爻之位言也，〔二〕如蒙之六四則獨遠於實、比之六四則外比於賢、隨則以近而六二「係」於「小子」、觀則以遠而初六「童觀」之類是也。

〔二〕李光地云：「『遠近』者，位所限，如蒙之『遠實』，比之『比匪』，隨之『係小子』，觀之『童觀』也。」（同上）

「情僞」，以爻之德言也，〔三〕如蒙五之能虛中而順以巽、比二之能守正而不自失、否三之求合而「包羞」、同人三之懷異而「伏莽」之類是也。

〔三〕李光地云：「『情僞』者，德所發，如泰之『光大』，否之『包羞』，同人三之『伏莽』，五之『中直』也。」（同上）

非時，則愛惡不可知；非位，則遠近不可見；非德，則情僞不可別矣。愛惡之相攻者大，故生吉凶也；遠近之相取者暫，故生悔吝也；情僞之相感尤深，故生利害也。[一]

[一] 周易繫辭下傳云：「變動以利言，吉凶以情遷。是故愛惡相攻而吉凶生，遠近相取而悔吝生，情僞相感而利害生。」李光地云：「『相攻』、『相取』、『相感』，皆生於變動之情。吉凶之辭因此而遷，豈非教民去害興利而足以見聖人之情乎？夫所謂『愛惡』、『情僞』，險之大者也，重之以遠近之勢，阻之甚者也。聖人既心知之，而因欲使民明之，立象以盡其變，繫辭焉以斷其吉凶，使人不迷於險阻之幾，則有平而無傾矣。此所以爲聖人之情與？」（同上）

然愛惡、情僞之淺深，又因遠近而變。惟近而惡相攻、僞相感者，必致凶犯害；其小者，乃悔且吝耳。[二]若遠而無比、應之義者，則雖不以情相愛，而凶害必不甚。

[二] 周易繫辭下傳云：「凡易之情，近而不相得則凶，或害之，悔且吝。」

如：姤之一陰，愛惡之主也。惟九二比之，九四應之，有「凶」及「不利」之

辭。〔一〕若九五，則自有吉義。三與相背，上與絶遠，則雖有危吝，而無凶咎矣。〔二〕

〔一〕周易姤九二爻辭云：「包有魚，无咎，不利賓。」九四爻辭云：「包无魚，起凶。」

〔二〕周易姤九三爻辭云：「臀无膚，其行次且，厲，无大咎。」上九爻辭云：「姤其角，吝，无咎。」

夬之一陰，亦愛惡之主也。惟九五比之，九三應之，有「凶」及戒辭。〔一〕若九二，則自有吉義。四與相背，初與絶遠，則但戒其妄動，而亦無凶咎矣。

〔一〕周易夬九三爻辭云：「壯于頄，有凶。」九五爻辭云：「莧陸夬夬，中行无咎。」

故「近而不相得」者，總例也。其重者，則以相惡、相僞爲主，故凶害屬之也；其輕者，則以相近爲主，故悔吝屬之也。以是反觀，則近而相得者，必吉也、利也；相得而遠者，亦不免乎悔也、吝也，皆可例求矣。

此三言者，實觀象玩辭之要。

周易通論卷四

大學士李光地撰

4.1 論參天兩地倚數

天一地二者，數之本也，而曰「參天兩地而倚數」，〔一〕何也？

〔一〕「參天」至「倚數」，周易說卦傳文。孔穎達云：「七、九爲奇，天數也；六、八爲耦，地數也。故取奇於天，取耦於地，而立七、八、九、六之數也。何以『參兩』爲目奇耦者？蓋古之奇耦亦以『三兩』言之，且以兩是耦數之始、三是奇數之初故也。不以一目奇者，張氏云：『以三中含兩，有「一以包兩」之義，明天有包地之德，陽有包陰之道。』」（周易正義卷九說卦）陸振奇云：「『倚』，依也。倚數在生蓍之後、立卦之前，蓋用蓍得數而後布以爲卦，故以七、八、九、六當之。」（見周易說統卷十二）李光地云：「『參天兩地』，以方圓徑圍定之，亦其大致爾，實則徑一者不止圍三，非密率也。以理言之，則張氏所謂『以一包兩』者是，蓋天能兼地，故一并二以成三也。以算言之，則孔氏所謂『兩爲耦數之始，三爲奇數之初』者是。」（周易折中卷十七說卦傳）

曰：此河圖、洛書所以相爲表裏也。

蓋以理言之，天之數常兼乎地之數，故以天一并地二而爲三也。

以算言之，一一相乘，其數不行，二二而後有四，三三而後有九，故天數起於三，地數起於二也。

以象言之，天圓地方，凡圓者皆以三而成，故設三點於此，無論疏密、斜正，求其交會之心而規運之，皆可作圓也；方者皆以二而成，故設二點於此，亦無論疏密、斜正，直其折連之角而矩度之，皆可作方也。

三者殊塗同歸，皆會於中極之五數。何則？

天三地二，合之則五，此所謂陰陽之會、天地之心也。〔二〕一、三、九、七相乘無窮，二、四、八、六亦相乘無窮，而五者自相乘，此所謂不動之樞、運化之本也。圓之成也三，方之成也四，三、四之積，適足以當五之積，此所謂兼體之實、等量之功也。是故洛書緣此以起天、地、人之義也。

〔一〕李光地云：「『天地之心』，在人則爲道心也。」（周易折中卷九象上傳復）

至於易中七、八、九、六之數，蓋亦有三者之符焉。參兩相加，以三爲節，故三三則九矣，三二則六矣，二二一三則七矣，二三一二則八矣。天數相乘，極於九而還於七；地數相乘，極於八而還於六。極者，其進也；還者，其退也。陽主進，陰主退，故陽以九爲父，陰以六爲母也。

凡物圓者，皆以六而包一，實其中則七也，虚其中則六也；凡物方者，皆以八而包一，實其中則九也，虚其中則八也。陽實陰虚，故九、七爲陽，六、八爲陰。然陰、陽之盛者，獨七、八耳。九，陽之老而積方之所成，則陽已將變而爲陰；六，陰之老而積圓之所得，則陰又將變而爲陽矣。

是故始於一、二、三、四，而成於六、七、八、九，萬理、萬象、萬數備矣。莫不自參天兩地而來，故曰「參天兩地而倚數」。

論圖象

4.2 自八卦始成，而聖人名之以象。純陽、純陰之爲天、地，不可易已。震、巽陰陽之初，故方生而有氣，陽爲雷，陰爲風也。坎、離陰陽之中，故既聚而成精，陽爲水，陰爲火也。艮、兑陰陽之終，故已滯而成質，陽爲山，陰爲澤也。此八物者，兩兩相偶。

以全體言之，天、地陰陽也，而合德也；以氣言之，雷、風陰陽也，而相應也；以精言之，水、火陰陽也，而互根也；以質言之，山、澤陰陽也，而交感也。分定而情通，此所謂「交易」者也。〔一〕

〔一〕李光地云：「凡對耦者，即寓交易之理。故八卦之位，天、地、山、澤、雷、風、水、火之相對者，皆有相交之情焉，然又不止於兩相交也。其一者與其八者，皆可以相交。此所以因而重之，八卦相錯也。」（周易觀象卷十二說卦傳）

及其流行於天地之間，則迭王而相禪。故雷與風之發，各有其時；水與火之盛，各有其候；山與澤之滋，各有其節；天與地之所主，各有其分。此所謂

「變易」者也。

是故易之爲道，有不易，有交易，有變易。不易者，天高地下、萬物散殊者也；交易者，合同而化者也；變易者，流而不息者也。不易者爲體，變易者爲用。然非有交易者存，則不易者何以相遠而相親，變易者何以相反而能相成哉？故曰「八卦相錯」者，〔一〕猶相交也，天與地交，山與澤交，雷與風交，水與火交。推之重卦，則凡兩卦相合者，莫不各有交焉。此天地、萬物之情所以感通無閒。而聖人之作易也，既圓而列之，以明其對待之交，又因而重之，以明其錯綜之無所不交也。

〔一〕周易説卦傳云：「天地定位，山澤通氣，雷風相薄，水火不相射，八卦相錯。」朱熹云：「邵子曰：『此伏羲八卦之位，乾南坤北，離東坎西，兑居東南，震居東北，巽居西南，艮居西北，於是八卦相交而成六十四卦，所謂「先天之學」也。』」（周易本義卷十説卦傳第八）

繫辭傳之首章，「天尊地卑」者，乾、坤也；「卑高」以下，山、澤、雷、風、水、火之倫也。〔二〕是皆於定分之中，而具交易之性者，故繼之曰「剛柔相摩，八卦相盪」。〔三〕

「相摩」者，所謂對待之交也；「相盪」者，所謂錯綜之而無所不交也。

〔二〕周易繫辭上傳云：「天尊地卑，乾坤定矣。卑高以陳，貴賤位矣。」李光地云：「『尊卑』，專言天地。『卑高』，則天地閒之物，山、澤之類是也。」（周易觀彖卷十繫辭上傳）

〔三〕李光地云：「『相摩』，以兩物相交言，如天與地、山與澤、雷與風、水與火。『相盪』，以八物互相交言，如天與雷、風、水、火、山、澤，餘亦如之。」（同上）

交易之情通，則變易之事起。雷霆、風雨、寒暑者，六子之功也；乾始、坤成者，天地之化也。變化以生成萬物，而皆有其常職，則亦歸於定分而已矣。是故言體則首乾、坤，是亦「順而數之」之義也；言用則首雷、風，是亦「逆而數之」之義也。〔一〕

〔一〕周易説卦傳云：「數往者順，知來者逆，是故易逆數也。」朱熹云：「起震而歷離、兑以至於乾，數已生之卦也；自巽而歷坎、艮以至於坤，推未生之卦也。易之生卦，則以乾、兑、離、震、巽、坎、艮、坤爲次，故皆『逆數』也。」（周易本義卷十説卦傳第八）胡炳文云：「諸儒訓釋此，皆謂已往而易見爲『順』，未來而前知爲『逆』，易主於『前民用』，故曰『易逆數也』。惟本義依邵子，以『數往者順』一段爲指圓圖，而言卦氣之所以行；

『易逆數』一段爲指横圖，而言卦畫之所以生。非本義發邵子之藴，則學者孰知此所謂『先天之學』哉？」（周易本義通釋卷八）李光地云：「此節『順逆』之義，朱子之意與邵子本意各成一説。蓋邵子本意以三陰三陽追數至一陰一陽處爲順，自一陰一陽漸推至三陰三陽處爲逆；朱子則謂左方四卦數已生者爲順，右方四卦推未生者爲逆。兩説可並存，而邵子之説尤爲貫串。」（周易折中卷十七説卦傳）又云：「自純陰、純陽而順數之者，如『數往』也；自一陰、一陽而逆數之者，如『知來』也。易象變易之序，則用逆數。非逆數，則象不顯矣。蓋首言其不易之體，則天、地者，分之尊；末言其生物之用，則雷、風者，氣之始。故於圖象順逆之序，不同如此。」（周易觀象卷十二説卦傳）

繫傳以造化言而切易書，説卦以圖象言而包造化。知繫傳首章之爲易理之宗，則知先天卦位之爲作易之本矣。

4.3　論圖象二

陰、陽卦之分起於文王，信乎？

曰：自八卦始畫，而陰陽之卦定矣。文王因象以起義爾，非始自文王也。先天之圖各有左右序次，然夫子列之，莫不先陽而後陰，故曰自畫卦而已定矣。

水、火之列於後，何也？

曰：乾、坤之外，莫大乎坎、離。水、火者，天、地之用；雷、風、山、澤者，又水、火之用也。火之用莫專於雷，風則氣生於火，而又感乎水之涼寒者也；水之用莫專於澤，山則氣滋於水，而又成乎火之燥高者也。然則「山澤通氣，雷風相薄」者，歸於「水火不相射」而已矣。〔一〕後章亦先言「水火相逮」，而後曰「雷風不相悖，山澤通氣」者，此也。

〔一〕周易說卦傳云：「天地定位，山澤通氣，雷風相薄，水火不相射。」

「雷動」、「風散」以下所直氣候，〔二〕則何如？

〔二〕周易說卦傳云：「雷以動之，風以散之，雨以潤之，日以烜之，艮以止之，兑以説之，乾以君之，坤以藏之。」孔穎達云：「上四舉象，下四舉卦者，王肅云『互相備也』。」（周易正義卷九説卦）朱熹云：「『雷以動之』以下四句取象義多，故以象言。『艮以止之』以下四句取卦義多，故以卦言。」（朱子語類卷七十七易十三説卦）

曰：閉塞之後，「雷以動之」；寒沍之餘，〔二〕「日以晅之」。〔三〕方長而生意未足，故「兑以説之」。於是而萬物皆相見，是「乾以君之」也。鬱蒸之極，「風以散之」；燥烈之甚，「雨以潤之」。既成而生意未固，故「艮以止之」。於是而萬物皆歸其根，是「坤以藏之」也。

〔二〕「沍」，與「冱」同，寒也。

〔三〕「晅」，周易説卦傳作「烜」，曬乾也。此蓋李光地以意言之。

是故先天、後天，圖象錯綜，而其揆一也。先天不著方位，而其理廣以大；後天著方位，而其義精以切。

4.4 論圖象三

文王後天之説，亦出於邵氏。然證之周易，則其大且至者，無不泯合，〔一〕是以可信也。

〔一〕爾雅釋詁云：「泯，盡也。」

一則陰、陽卦之位，繫於坤、蹇、解之辭。〔一〕

〔一〕謂周易坤、蹇、解之卦辭也。

夫東南爲陽，西北爲陰。然陽之生物，雖至春而可見，而其氣則已肇於冬之初；陰之成物，雖至秋而乃就，而其氣亦已凝於夏之始。故取其用之可見者，則曰「東南」、曰「西北」；〔二〕本其體之自生者，則曰「東北」、曰「西南」。〔三〕圖之序則入用，故始東方，終東北，不改乎人時之舊。卦之序則推本，故乾統三陽於西北，〔三〕坤統三陰於西南，獨契乎天道之精也。〔四〕

〔二〕周易説卦傳云：「巽，東南也。乾，西北之卦也。」

〔三〕周易坤卦辭云：「君子有攸往，先迷後得主。利西南得朋，東北喪朋。」李光地云：「西南是坤代乾致役之地，非合衆力不足以濟，於是而『得朋』，正所以終主之事，是『得朋』即『得主』也。惟東方者受命之先，北方者告成之候，禀令歸功，已無私焉，而又何朋類之足云？故必『喪朋』而後『得主』也。」（周易折中卷一上經坤）蹇卦辭云：「利西南，不利東北。」李光地云：「舊説『西南平易，東北險阻』者，蓋以坤、艮之方別之，坤爲地平易，艮爲山險阻也。然合坤、蹇、解三辭觀之，蓋皆以『先後』爲義。『東北』，陽也，居先者也；『西南』，陰也，居後者也。在坤則『先迷後得』，在蹇則『往蹇來譽』，在解則『其來復吉』，皆『處後』之義也。」（周易觀象卷六下經一蹇）解卦辭云：「利西南。」李光地云：「蹇『利西南』，解亦『利西南』者，安退處後以固根本，當難行之時，止於險中，固當守其止；及解散之時，動而出險，尤宜謹其動也。然蹇之時必不可進，故曰『不利東北』。解之時則異矣，无所往，固當以安守爲善；有所往，亦不可不往也。但不可務外忘内，而失其根本之圖耳，故不曰『不利東北』。」（周易觀象卷七下經二解）

〔三〕「西」，原作「東」，榕村本、陳本同，今改。

〔四〕「契」，合也。

二則陰、陽始終之義，見於乾、坤之二用。〔一〕

〔一〕「二用」，謂周易乾用九、坤用六也。

蓋陽首於震，而實首於乾，則乾之爲首不可見也，故其爻義曰「无首」；〔一〕陰終於艮，而實乃終於兑，則陰之終者非陰也，故其爻義曰「以大終」。〔二〕

〔一〕周易乾用九云：「見羣龍无首，吉。」李光地云：「乾之六爻皆變，則陽而陰矣。如羣龍之身皆見，而獨不見其首，此天道所以藏諸用，人事所以固其基。凡剛柔、動靜、屈伸、進退，理皆如之。占者能體是象，則『吉』也。」（周易觀象卷一上經一乾）

〔二〕周易坤用六云：「利永貞。」象辭云：「用六『永貞』，以大終也。」李光地云：「『以大終』，則坤道无終，亦如乾之无首矣。」（周易觀象卷一上經一坤）

陰、陽互根之妙，皆於北方見之。何則？其方則陰也，其卦則陽也，以之爲陰，則陽爲無始；以之爲陽，則陰爲無終。猶之一日之有亥、子、丑也，以爲前日之終，則晝無始；以爲後日之始，則夜無終矣。此所謂陰、陽互根之妙，而乾、坤之用所以總歸於「貞」也。

三則圖位之序，發於乾、坤之爻辭。乾爻始於「潛」，〔一〕於圖爲北方，幽隱之象，陷而止也，至見焉則出矣。出則必惕，惕者震之，恐懼自修也。惕則必疑，疑者巽之，進退不果也。由是而飛焉，則相見，「聖人作而萬物覩」者也。〔一〕於是受之以坤而致役焉，〔二〕則乾道不亢矣。

〔一〕周易乾初九爻辭云：「潛龍勿用。」

〔二〕「聖人」至「物覩」，周易乾文言文。

〔三〕周易説卦傳云：「帝出乎震，齊乎巽，相見乎離，致役乎坤。」

坤爻始於「履霜」，〔一〕巽之伏也，潔而齊之，〔二〕至於地道光焉，〔三〕則明矣。「无成有終」者，〔四〕致役之義也。「括囊」慎密，〔五〕所以保其終也。「黄裳」者，〔六〕中順之積而和悦之充。由是陰成而聽於陽焉，豈復有交爭而戰之事哉？

〔一〕周易坤初六爻辭云：「履霜，堅冰至。」

〔二〕周易説卦傳云：「『齊乎巽』，巽，東南也；齊也者，言萬物之潔齊也。」

〔三〕周易坤六二象辭云：「『不習无不利』，地道光也。」

〔四〕周易坤六三爻辭云：「或從王事，无成有終。」

〔五〕周易坤六四爻辭云：「括囊，无咎无譽。」

〔六〕周易坤六五爻辭云：「黃裳，元吉。」

四則陰陽、尊卑、淑慝之義例，〔一〕統乎六十四卦。

〔一〕「淑」，善也；「慝」，惡也。

陽尊而陰卑，故陽主而陰役；陽清而陰濁，故陽潔而陰污。坤之彖曰「得主」，守其役之分也；曰「得朋」，引其役之類也；曰「喪朋」，始終於主而絕類上也。〔一〕守其分，故「從王事」而終吉；〔二〕引其類，故「貫魚」而「无不利」；〔三〕絕其類，故「渙羣」而「元吉」。〔四〕凡易之言尊卑者，例此矣。

〔一〕周易坤卦辭云：「君子有攸往，先迷後得主。利西南得朋，東北喪朋，安貞吉。」李光地此云「坤之彖」，謂坤之卦辭也。

〔二〕周易坤六三爻辭云：「或從王事，无成有終。」

〔三〕周易剥六五爻辭云：「貫魚，以宮人寵，无不利。」

〔四〕周易渙六四爻辭云：「渙其羣，元吉。」

坤之爻曰「履霜堅冰」，〔一〕陰始凝也，凝則滯而不潔矣；又曰「其血玄黃」，〔二〕

陰陽之雜，雜則溷而污之甚也。故於其凝也，則「柅」、「豕」以牽之，「包瓜」以隕之；〔三〕非然，則有「莧陸」之侵，有「包无魚」之慮。〔四〕於其雜也，則「揚庭」以去之，「孚號」以戒之；〔五〕非然，則「用行師，終有大敗」，无號而終有「凶」。〔六〕凡易之言淑慝者，例此矣。

〔一〕周易坤初六爻辭云：「履霜，堅冰至。」

〔二〕周易坤上六爻辭云：「龍戰于野，其血玄黃。」

〔三〕周易姤初六爻辭云：「繫于金柅，貞吉。有攸往，見凶。羸豕孚蹢躅。」夬九五爻辭云：「以杞包瓜，含章，有隕自天。」

〔四〕周易夬九五爻辭云：「莧陸夬夬，中行无咎。」姤九四爻辭云：「包无魚，起凶。」

〔五〕周易夬卦辭云：「揚于王庭，孚號有厲。」

〔六〕周易復上六爻辭云：「用行師，終有大敗，以其國君凶，至于十年不克征。」

乾者，八卦之主也，無敢與抗者，而曰「戰乎乾」，〔二〕懼有不爲役者也。德威不足以畏，則反君道也，懼有不潔者也；德明不足以明，則猶未離其類也。凡易之精意大義，無不自此而出，故信其爲文王所建圖也。

〔一〕「戰乎乾」，周易説卦傳文。

4.5

論圖象四

先、後天卦位不同，義亦異乎？

曰：其義一也。先天以畫卦之序而分者也，後天以陰、陽卦而分者也。先明乾、坤之義，則餘卦之義明矣。夫乾南坤北，位之正也，古者兆天南郊、兆地北郊是也。然乾北坤南，氣之始也，古者祀天於冬至、祭地於夏至是也。兩義者不可以相無，則二圖不可以偏廢。

然後天所置，則乾又不在正北，而進而西北；坤又不在正南，而退而西南。蓋天道流行，初無止息，至無之中，萬有肇焉。此之謂全體，此之謂大本，不待乎萌動而後有以見其心矣。南者，正陽之位也。坤功雖顯於此，然避正陽之位而不居，故長養萬物，至西南而極盛。坤彖言「西南得朋」者，〔一〕此也。古人以亥爲陽月，以未爲中央，其有以知此矣。

〔一〕「西南得朋」，周易坤卦辭文。

天、地之大義既立，故先天以陽畫之消息爲序，自北以終於南也，以陰畫之消息爲序，自南以終於北也；後天以陽卦統始終爲序，自震以終於艮也，以陰卦效職於中爲序，自巽以終於兑也。夫陽統始終，而乾則以終爲始；陰居中間，而坤則尤中之中。故無聲無臭者，上天之載；〔一〕形形色色者，地道之光，〔二〕「於穆不已」之命昭矣，〔三〕造化孕毓之功著矣。

〔一〕毛詩大雅文王云：「上天之載，無聲無臭。」

〔二〕「地道光」，周易坤六二象辭文。

〔三〕「於穆不已」，毛詩周頌維天之命文。

以六子象類言之，日東月西者，所自生也；火南水北者，所自盛也。雷陽風陰者，類之分也；風雷相助者，氣之合也。兑居東南以説物，艮居西北以止物者，〔一〕令之正也；兑居正西，説極乃成，艮居東北，止極乃生者，〔二〕用之交也。

〔一〕此謂先天八卦方位也。

〔二〕此謂後天八卦方位也。

先儒以先天爲體，後天爲用，要皆義理精微之奥。古聖人所以經緯天地而出入鬼神者，非二圖互發則不備。

4.6

論圖象五

陽爲主於始終，陰佐陽於中閒，天地、萬物之理，莫不皆然。蓋論陽之統貫，則自始至終，無非陽也。然中閒一節，則有藉於陰，而陰功見焉。陰功見於中閒，則陽之在始終者，反若離斷而不相續。故草木之種實，陽也；枝條花葉，陰也。土中之種，即樹上之實。然無種遽成實者，必歷乎枝條花葉之繁而始成也。人之男，陽也；女，陰也。子爲父之體，然無父遽生子者，必資乎嫡媵之衆而始生也。圖之四陰相繼者，陰道在中閒，故見其合也；四陽不相繼者，陽道在終始，故見其離也。然以其循環者觀之，則終即爲始，猶之樹上之實即土中之種，繼體之子即爲宗之父也。是則陽之相繼也，亦何閒斷之有？

4.7 論圖象六

以一歲生物觀之，播種於春，是震則物之始也；落實於艮，是艮則物之終也。實落又爲種，艮之所以窮上反下，成終而成始也。乾，則華葉之既脱、實之方生，爲萬物之將終，而實爲萬物之大始。何則？使於是而不實，則生生之理絶矣。是故語用，則有種而後有實；語體，則有實而後有種也。

於傳，〔一〕震「爲反生」，勾萌之初也。〔二〕巽「爲長、爲高」，枝條之盛也。方長之木，其心必虛，其節必弱，故離中科而上易槁也。〔三〕枝條備，則華葉繁，故坤「爲文」而「爲衆」也。將成實，則枝條摧敗而華葉剥落，故兑「毀折」而「附決」也。〔四〕乾「爲木果」，則實之方生而在木者也。坎「爲堅多心」，其心堅也，「科」

之反也。艮「爲堅多節」，〔五〕其節亦堅也，「上槁」之反也。艮又「爲果蓏」，則既落之實，種之可以復生者也。

〔一〕「傳」，謂周易説卦傳也。

〔二〕蔡清云：「凡稼之始生，皆爲『反生』。蓋以其初閒生意，實從種子中出，而下著地以爲根，然後種中萌芽乃自舉。」（易經蒙引卷十二下）

〔三〕周易説卦傳云：「離爲科上槁。」孔穎達云：「『科』，空也。陰在内爲空，木既空中，上必枯槁也。」（周易正義卷九説卦）李光地云：「『科上槁』者，木之方長，其心必虚，其末易槁。」（周易觀彖卷十二説卦傳）

〔四〕李光地云：「『毁折』者，枝之傷。『附決』者，葉之脱，正秋之象也。」（同上）

〔五〕李光地云：「『堅多節』者，木老之甚而節亦堅也。」（同上）

又以生人觀之，長而後有室，震之所以居先也；幼少則未長，坎、艮所以居後也；乾則長子始成乎父道，而有子者也。

於傳，〔一〕震曰「長子」，巽曰「長女」，配耦之稱也。離曰「中女」，諸娣之名也。

坤曰「母」，蓋有嫡、有娣，而母道具矣。兑曰「少女」、曰「妾」，女御之流，所以代匱而廣嗣也。乾曰「父」，父道成矣。獨坎、艮二卦不曰「中男、少男」，疑於「長子」爲兄弟。以圖意而觀，則震成父道而爲乾，坎、艮者其子也。三陽始終，爲父子相繼，故於坎、艮但取子之幼少而未長，不用兄弟之義也。

〔一〕「傳」，謂周易說卦傳也。

4.8

論圖象七

圖、象皆心學也，何也？

曰：乾、坤者，誠明之學之源也。天清虚而與太極爲體，故實；地凝實而一順成乎天，故虚。心神明不測，至虚者也，以其具乎性之真，故其道則實而配乾；形色天性，至實者也，以其涵乎心之妙，故其道則虚而配坤。

是故乾之文言曰「存誠」、曰「立誠」，〔二〕實而盡性之謂也；坤之文言曰

「敬」、曰「義」，〔二〕虚而順理之謂也。存忠信之實心，則誠之始；立謹信之實事，則誠之終。居敬而清明在躬，〔三〕則明之體；精義而利用安身，則明之用。

〔一〕周易乾文言云「閑邪存其誠」，「修辭立其誠」。

〔二〕周易坤文言云：「君子敬以直内，義以方外。敬、義立，而德不孤。」李光地云：「『直』者，心之正也；『方』者，義之行也。君子之學，以敬爲主，使邪曲之念不得萌於其心，則内不期直而自直矣；義以爲質，使偏陂之端無所施之於事，則外不期方而自方矣。『孤』，猶『偏』也。敬立則本固，而有以爲致用之基；義行則用利，而有以爲立本之助。内外既合，則德不偏而大矣。」（周易觀彖卷一上經一坤）

〔三〕「躬」，身也。

然大傳又曰乾知而坤能者，〔一〕何也？

〔一〕周易繫辭上傳云：「乾以易知，坤以簡能。」李光地云：「『易』，坦易也。『簡』，簡約也。爲物不二，故其心易；無爲而成，故其事簡。」（周易觀彖卷十繫辭上傳）

神明清虚，故主知，然必誠實易直，而後有以通天下之志。故曰「乾以易知」，誠則明也。形色凝實，故主能，然必明通簡要，而後有以成天下之務。故曰「坤以簡能」，明則誠也。

是故虛者非實，則出入無鄉，不足以體乎萬物；實者非虛，則徇物不化，不足以事我天君矣。震之動、坎之孚、艮之止，皆誠之事也；巽之入、離之明、兑之說，皆明之事也。此心學之至也。以先天圖觀之：震者，動也，志之奮也；又懼也，心之惕也。離者，麗也，智之藉也；又明也，睿之通也。兑者，說也，理之融、心之裕也。自誠而明，故歸於乾焉。

巽者，入也，察之深也；又制也，治之斷也。坎者，險也，行之艱也；又勞也，習之熟也。艮者，止也，積之厚、性之定也。自明而誠，故歸於坤焉。

先儒言知之明、好之篤，離、兑之德也；行之果、守之固，坎、艮之德也。然其言學之本，必曰立志持敬；言行之要，必曰知幾謹獨。斯則所謂「益動而巽，日進无疆」者乎？〔一〕文王之學，亦猶是也。

〔一〕「益動」至「无疆」，周易益彖辭文。

雖然，誠者成始成終，而明在其間。是故震始之，乾、坎、艮終之，而中有巽、離、坤、兑焉。蓋自心之震動警戒，而入而察之者與之俱，是震、巽兩卦之義也；明於理而和順於事，是離、坤、兑三卦之義也；事之既終，則形氣息而天命行，是乾卦之義也；更習之熟而居者安，涵養之深而藏者密，是坎、艮兩卦之義也。〔一〕

〔一〕此以後天圖觀之也。

以朱子之言質之，震爲戒懼之動機；巽爲省察之入機；離則由省察而精之，至於應物之際，而萬理皆明；坤則無所乖戾，而萬事皆順；兑則無適不然，而萬物皆和矣；乾則由戒懼而約之，至於至靜之中，而存天命之本體；坎則誠主於中，而無所偏倚；艮則深厚完固，其守不失，而其道不窮矣。〔一〕

〔一〕此亦以後天圖觀之也。

終始、動静，莫非誠之貫，而命之流也。自動念之初，畢於酬酢之後，則明之發、性之用也。至語夫「陰陽合德」者，〔一〕則終始、動靜，亦莫非一理之行，而明之繼。故曰「誠身」、曰「明德」，〔二〕其義一也。

〔一〕「陰陽合德」，周易繫辭下傳文。

〔二〕禮記中庸云：「誠身有道，不明乎善，不誠乎身矣。」大學云：「大學之道，在明明德。」

二圖之序不同，而皆以震、巽爲誠明之根。在先天，則震先而離、兑次之，巽先而坎、艮次之也；在後天，則震、巽並居先，而離、兑、坎、艮次之也。先聖、後聖，其學豈有二哉？

4.9

論圖象八

夫子説圖，其又言「帝」、言「神」，何也？

曰：六子統於天、地也，地又統於天也。以形體言，謂之「天」，故曰「天地定位」；〔一〕以性情言，謂之「乾」，故曰「乾君」、「坤藏」；〔二〕以主宰言，謂之「帝」，故又曰「帝出乎震」；〔三〕以妙用言，謂之「神」，故又曰「神妙萬物而爲言」也。〔四〕

〔一〕「天地定位」，周易説卦傳文。

〔二〕周易説卦傳云：「乾以君之，坤以藏之。」李光地云：「乾以大生爲萬物之君，坤以廣藏爲萬物之母也。」（周易觀象卷十二説卦傳）

〔三〕「帝出乎震」，周易説卦傳文。

〔四〕周易説卦傳云：「神也者，妙萬物而爲言者也。」

「帝」與「神」，皆天之心也。以其實而有主，故稱「帝」焉；以其虚而無方，故稱「神」焉。神虚而帝實，故帝誠而神明。帝與神不可知，於其氣化而知之。

日月、寒暑，水火、山澤，風霆、雨露，各有專司，而皆以育養成就爲職，如百官、有司之恪事，〔一〕知其主之者，帝也。

〔一〕爾雅釋詁云：「恪，敬也。」

日月、寒暑，水火、山澤，風霆、雨露，其氣各異而不相通，其道並行而不相悖，如耳目、手足之捷應，知其妙之者，神也。

是故於後天流行之迭王，可以見天工之有統焉；於先天對待之相須，可以悟神理之無閒焉。

雖然，言「帝」，則存乾、坤之位。帝有主而可名，故著其所次舍，如心與耳、目並爲官，思與貌、言、視、聽並爲事也。〔一〕言「神」，則去乾、坤之位。神無方而難知，則不可以所在目之，如視聽、嘘吸之靈之無非一心，動静、顯藏之機之無非一體也。

是故天即君，君即帝，帝即神，其分則有八卦，其實統於乾而已矣。

〔一〕尚書洪範云：「五事：一曰貌，二曰言，三曰視，四曰聽，五曰思。」

4.10

論陰陽動静

天與地，乾與坤，定體之稱；陰與陽，動與静，迭用之目。是故天陽而地陰，陽動而陰静，固有屬已。

然傳曰：「立天之道，曰陰與陽；立地之道，曰柔與剛。」〔一〕又曰：「夫乾，其静也專，其動也直；夫坤，其静也翕，其動也闢。」〔二〕則是天地、乾坤各有陰陽也，各有動静也。以歲序言之，乾、坤各備「元、亨、利、貞」之四德者，是也。

〔二〕「立天」至「與剛」，周易説卦傳文。

〔三〕「夫乾」至「也闢」，周易繫辭上傳文。李光地云：「乾之心一而不二，故其靜也專一而已，其動也直遂而已。坤之事順而無爲，故其靜也翕聚而已，其動也發散而已。」（周易觀彖卷十繫辭上傳）

河圖之數，天地奇耦，相得有合，以成變化而行鬼神，此其義也。傳曰：「闔户謂之坤，闢户謂之乾。」〔一〕是故自靜而動者，闢也，乾之分也；自動而靜者，闔也，坤之分也。以歲序言之，春夏爲陽、秋冬爲陰者，是也。

〔一〕「闔户」至「之乾」，周易繫辭上傳文。虞翻云：「『闔』，閉翕也。坤柔象夜，故以閉户也。『闢』，開也。乾剛象晝，故以開户也。陽變闔陰，陰變闢陽，剛柔相推而生變化也。」（見周易集解卷十四）

先天之卦，自震東北，終於南方之乾，自巽西南，終於北方之坤，此其義也。傳曰：「乾知大始，坤作成物。」〔一〕是故機動於先、氣發於内者，則屬乎乾；功見於物、質定於後者，則屬乎坤。以歲序言之，冬春爲陽、夏秋爲陰者，是也。

〔一〕「乾知」至「成物」，周易繫辭上傳文。孔穎達云：「初始無形，未有營作，故但云『知』

也。已成之物，事可營爲，故云『作』也。」（周易正義卷七繫辭上）

後天之卦，乾統三陽於西北，坤統三陰於西南，此其義也。三義者不同而共貫，各有陰陽、動靜者，以其體、用之同流言也。乾動而坤靜者，以其體之偏主言也。乾動而根於靜、坤靜而根於動者，以其用之互宅言也。

是故陽神也，陰形也，神靈而質滯，故陽動而陰靜；陽主也，陰役也，主逸而臣勞，故陽靜而陰動。動非靜，神不足以爲主，而荒其居，無以妙乎動之化矣；靜非動，形不能以爲役，而廢其職，無以返乎靜之分矣。

吾故曰：「天與地，乾與坤，定體之稱；陰與陽，動與靜，迭用之目。」又曰：「異義而共貫。」

4.11

論神

傳曰：「神无方，易无體。」〔一〕又申之曰：「生生之謂易。」〔二〕「陰陽不測之

謂神。」〔三〕「易」，即化也。「神易」，即神化也。神妙而難知，化變而難明，故曰：「窮神知化，德之盛也。」〔四〕

〔一〕「神无」至「无體」，周易繫辭上傳文。李光地云：「『易』者，化之運用；『神』者，化之主宰。天地之化，其主宰不可以方所求，其運用不可以形體拘，易之道能範圍之，則所謂『窮神知化』者也，而神化在易矣。」（周易折中卷十三繫辭上傳）

〔二〕「生生之謂易」，周易繫辭上傳文。李光地云：「釋『易无體』也。生而又生，迭禪互换，非一端之可執，故曰『无體』。」（周易觀象卷十繫辭上傳）

〔三〕「陰陽」至「謂神」，周易繫辭上傳文。李光地云：「釋『神无方』也。氣有動静，神則無動無静而無不周；形有彼此，神則無彼無此而無不在。其體也不可窺見，其用也不可度思，故曰『无方』。」（同上）

〔四〕「窮神」至「盛也」，周易繫辭下傳文。李光地云：「『窮神』則不止於入神，其心與神明相契者也；『知化』則不止於利用，其事與造化爲徒者也，至命之事也。」（周易觀象卷十一繫辭下傳）

然則學者其終不可知已乎？蓋夫子又曰：「知變化之道者，其知神之所爲乎？」〔一〕能知化之所以相反而相成，則知神之所以兩在而合一。此聖人指示真切處也。

〔一〕「知變」至「爲乎」，周易繫辭上傳文。

如：水、火之質則異矣，冬、夏之氣則殊矣，然雨暘、寒暑相用以成物者，〔一〕何也？惟天地之神寄於陰陽者不二也。

喜、怒之情則異矣，恩、威之用則殊矣，然禮樂、刑政相須以治世者，何也？惟聖人之心行乎仁義者不二也。

〔一〕説文日部云：「暘，日出也。」

苟非化之易，則一氣極備而物凶；苟非神之一，則兩端狎至而物愈病。苟非事之易，則豈能通其變，使民不倦？苟非心之一，又豈能神而化之，使民宜之也哉？

是故靜而無靜，動而無動，天地之神也；「寂然不動，感而遂通天下之故」，〔一〕蓍卦之神也；「洗心退藏於密，吉凶與民同患」，〔二〕聖人之神也。是豈可以模寫繪畫者哉？

〔一〕「寂然」至「之故」，周易繫辭上傳文。李光地云：「其體寂無思爲，而天下之故涵焉；其用因於有感，而天下之故通焉。」（周易觀彖卷十繫辭上傳）

〔二〕「洗心」至「同患」，周易繫辭上傳文。李光地云：「易有聖人之道，而聖人先備乎易之德。故當其洗心藏密，與易之『寂然不動』者無異也。」（同上）

然夫子於河圖之數，則曰「所以成變化而行鬼神也」；〔一〕於先、後天之學，則曰「神也者，妙萬物而爲言」，「然後能變化，既成萬物也」。〔二〕此則所謂立象盡意，「以通神明之德」者也。〔三〕何則？

〔一〕「所以」至「神也」，周易繫辭上傳文。孔穎達云：「變化以此陰陽而成，故云『成變化』也。鬼神以此陰陽而得宣行，故云『而行鬼神』也。」（周易正義卷七繫辭上）

〔二〕「神也」至「物也」，周易説卦傳文。

〔三〕「以通」至「之德」，周易繫辭下傳文。

河圖之四方相待，所謂「五位相得」也，〔一〕易也，「成變化」者也；陰陽互根，所謂「有合」也，神也，「行鬼神」者也。〔二〕後天之八卦迭嬗、動撓燥潤之功是也，〔三〕易也，「變化以成萬物」者也；〔四〕先天之陰陽交錯、相逮不相悖之情是也，神也，「妙萬物而爲言」者也。〔五〕

〔一〕周易繫辭上傳云：「天數五，地數五，五位相得而各有合。」

〔二〕周易繫辭上傳云：「天地之數五十有五，此所以成變化而行鬼神也。」

〔三〕周易説卦傳云：「動萬物者，莫疾乎雷。撓萬物者，莫疾乎風。燥萬物者，莫熯乎火。潤萬物者，莫潤乎水。」李光地云：「『動』者，動其生機，所以出之。『撓』者，撓其滯氣，所以齊之。『燥』者，發揚之而使無不相見。『潤』者，有源不窮而物之根本滋焉。」（周易觀彖卷十二説卦傳）

〔四〕周易説卦傳云：「水、火相逮，雷、風不相悖，山、澤通氣，然後能變化，既成萬物也。」

〔五〕周易説卦傳云：「神也者，妙萬物而爲言者也。」

神化雖難知，而其發於圖象也，〔一〕則至顯矣。雖然，非實能握其機，則不能「推而行之」、「舉而措之」，〔二〕使斯民利用出入也；非實能契其妙，則不能「神而明之」、「默而成之」，〔三〕「通乎晝夜之道而知」也。〔四〕故曰「存乎德行」，猶之以

「窮神知化」歸於「盛德」之意。〔五〕

〔一〕「也」，榕村本、陳本作「者」。

〔三〕周易繫辭上傳云：「推而行之謂之通，舉而措之天下之民謂之事業。」

〔三〕周易繫辭上傳云：「神而明之，存乎其人。默而成之，不言而信，存乎德行。」

〔四〕「通乎」至「而知」，周易繫辭上傳文。李光地云：「『晝夜』者，天地之化之機也。『通』、『知』者，洞見原本而隱顯貫爲一條也。」（周易折中卷十三繫辭上傳）

〔五〕周易繫辭下傳云：「窮神知化，德之盛也。」

4.12 論卦名義

卦之名義，乃取象之本也。説易者言「陽動於下，陷於中，止於上」者，則既得矣；其曰「陰入於内，麗於中，説於外」，則非也。

蓋陽性動，故其純者爲健；健者，動而無息之謂也。陰性静，故其純者爲順；順者，静而有常之謂也。陽性既動，則有直上發散之意，必遇陰而後聚；陰性既靜，則有隱伏凝聚之意，必遇陽而後散。然陰遇陽而散，則散矣；陽遇陰而聚，歸於發散直上而後已。此陰、陽之情也。

陽在下，而陰壓而聚之，其勢必動矣；陽在中，而陰畜而聚之，其勢必陷矣；陽在上，而陰承而聚之，其勢必止矣。此皆主於陽而遇陰者，故曰「陽卦」。陰在内，則陽必入而散之，是陽入於陰，非陰入於陽也；陰在中，則陽必附而散之，是陽麗於陰，非陰麗於陽也；陰在外，則陽必敷而散之，是陰得陽而能説物，非陰自爲説也。此皆主於陰而遇陽，故曰「陰卦」。

因六卦之德如此，故陽在下，爲陰壓而聚，必動而出者，莫如雷矣；在中，爲陰畜而聚，必和而解者，莫如雨矣；在上，爲陰承而聚，既極而必止者，莫如山矣。陰在内，而陽入而散之者，莫如風矣；在中，而陽附而散之者，莫如火矣；在外，而陽敷而散之者，莫如澤矣。

坎又謂之「險」者，陽陷於陰，則險莫甚焉；離又謂之「明」者，陽麗於陰，則明必生焉。健、順雖陰、陽之純，然健者得順而聚，順者得健而散，其理無以異也。

此八卦之德，所以能盡天地、萬物之情，而爲凡易義類之所根也，且因是以見陰、陽卦之分，自伏羲作易時而已然矣。

4.13

論序卦

「序」者，何也？别而次之之稱也。傳曰：「卦有小大，辭有險易。」〔一〕又曰：「君子尚消息盈虚，天行也。」〔二〕是故齊卦之小大者，以陰陽别之；敘陰陽之先後者，以消息盈虚次之。别陰、陽卦者，先定乾、震、坎、艮之爲陽，坤、巽、離、兑之爲陰，然後以其爻畫交錯，而取義例焉。此上、下篇所以分也。

〔一〕「卦有」至「險易」，周易繫辭上傳文。

〔二〕「君子」至「行也」，周易剥彖辭文。

蓋上篇陽也，天道也。故凡天道之正，陽卦、陽爻之盛，及陰陽、長少、先後有統率次第者，皆上篇之卦也。下篇陰也，人事也。故凡人事之交，陰卦、陰爻之盛，及陰陽交感雜亂，長少、先後無紀，皆下篇之卦也。

以八正卦論之，乾、坤陰陽之純，坎、離陰陽之中，皆正中之正也，故爲陽；震、巽陰陽始交，艮、兑交之極，皆正中之交也，故爲陰。

以八交卦論之，惟否、泰天地之交，交中之正也，故爲陽；咸、恒、損、益、既、未濟六子之交，交中之交也，故爲陰。

又，乾交陽卦凡六。需、訟、无妄、大畜皆爲陽盛，獨以爻畫消息觀之。大壯陽已過中，遯陰方浸長，[一]故雖陽卦而居陰也。坤交陰卦凡六。晉、明夷、萃、升皆爲陰盛，獨以爻畫消息觀之。臨陽方浸長，觀陰已過中，故雖陰卦而居陽也。

[一]「浸」，漸也。下同。

又，乾交陰卦凡六。小畜、履、同人、大有、夬、姤皆五陽而一陰。凡爻，以少者爲主。然陰無主陽之義，但爲陽多陰寡，乃陽之盛也，故小畜、履、同人、大有皆爲陽。惟夬則陽已亢，姤則陰已生，乃不得爲陽，而爲陰也。坤交陽卦凡六。師、比、謙、豫、剥、復皆五陰而一陽，則以一陽爲主，而又不與五陰之爲盛也，故皆不爲陰，而爲陽也。

又，陽卦相交凡六。屯、蒙、頤長少、先後以序者也，故爲陽。蹇、解、小過失序者也，故爲陰。

又，陰卦相交凡六。獨大過爲頤之對，又得其序，故亦爲陽。家人、睽、革、鼎、中孚皆陰也。鼎、革得序，故猶爲陰中之陽也。

又，陰陽相交之卦凡十有二。男女、少長交感雜亂，皆陰也。隨、蠱、噬嗑、賁得其序，故猶爲陽中之陰。困、井得其序，故猶爲陰中之陽。漸、歸妹、豐、旅、涣、節雜而失序，陰中之陰也。至於次其先後，則以陰陽之盛衰斷。具後論。

4.14

論序卦二

乾、坤至小畜、履十卦爲一節。

乾、坤者，衆卦之宗，天道之本，宜居首者也。

屯、蒙三陽繼乾、坤以有事，〔一〕長少順序有所統率，如大君之承天，宗子之繼體，以秩有家，以御有邦，其義爲乾、坤之次。

［一］紀磊云：「息自下而上，消自上而下。屯三陽息，剛息柔中，故曰『屯，剛柔始交而難生』。蒙三陽消，剛消柔中，故曰『險而止，蒙』。」（周易消息卷一上雜卦圖五）案：紀氏引「屯剛」至「難生」，周易屯彖辭文；「險而止，蒙」，蒙彖辭文。

需、訟上下之卦既皆陽體，二、五之位又皆陽爻；師、比則以一陽爲衆陰主，而居二、五之中；小畜、履五陽一陰，陽既極多，而一陰在三、四不中之位：皆陽之最盛者也，諸卦莫及焉。

泰、否、同人、大有、謙、豫六卦爲一節，陽之次盛者也。

蓋泰爲陽中，否爲陰過，故皆得爲陽盛，且爲乾、坤之合體，亞於乾、坤者也。同人、大有陽多陰少，與畜、履同，［二］然陰居二、五中位，故不如畜、履之盛，亞於畜、履者也。

［二］「畜」，謂小畜也。下同。

謙、豫一陽爲衆陰主，亦與師、比同，然陽居三、四不中之位，故不如師、比之盛，亞於師、比者也。

否亦陰中，而謂之「過」者，陽過中而後衰，陰則及中而已衰。陰陽饒乏，自然之數，以男女、老少驗之可知矣。

隨、蠱、臨、觀、噬嗑、賁、剥、復八卦爲一節，陽之自衰而漸盛者也。

隨、蠱陰陽交雜，陰道也，然長少、先後有序，故猶爲陽中之陰。

臨則陽長，觀則陰過而陽漸盛矣。

噬嗑、賁義同隨、蠱，剥、復義同臨、觀。

後四卦義次於前四卦，而謂「自衰而盛」，何也？

曰：隨、蠱居先，以二長在焉，其序應爾，非盛衰之所關也。剥、復以卦畫論，雖未若臨、觀之盛，然一陽爲衆陰主，則非臨、觀之所及矣。

无妄、大畜、頤、大過、坎、離六卦爲一節，陽之復盛者也。

无妄、大畜二體皆陽，義同需、訟，然二、五之位不皆陽爻，故不若需、訟之盛，亞於需、訟者也。

頤、大過長少有序，義同屯、蒙，然二卦不皆陽體，故不若屯、蒙之盛，亞於屯、蒙者也。要皆爲陽盛，與篇首需、訟、屯、蒙相對。

坎、離得陰陽之中，自純陰、純陽外，則中者貴矣，故與篇首乾、坤相對。

咸、恒、遯、大壯、晉、明夷、家人、睽、蹇、解十卦爲一節，陰之極盛者也。陰陽之生，自下而上，然男女之合，則自少而老，故以兑艮之卦居首，〔一〕而震巽次之。〔二〕下篇主人事之交，所謂「夫婦之道」是也。

〔一〕「兑艮之卦」，謂咸卦（兑上艮下）也。程頤云：「咸之爲卦，兑上艮下，少女少男也。男女相感之深，莫如少者，故二少爲咸也。」（伊川易傳卷五下經咸）

〔二〕「震巽次之」，謂以恒卦（震上巽下）次咸也。程頤云：「恒序卦：『夫婦之道，不可以不久也，故受之以恒。恒，久也。』咸，夫婦之道。夫婦，終身不變者也。故咸之後，受之以恒也。」（伊川易傳卷五下經恒）

遯陰浸長，〔一〕大壯陽已過中，陰之盛於是爲最。

〔一〕「浸」，漸也。

晉、明夷義同陽之需、訟，家人、睽義同陽之屯、蒙。

蹇、解本陽卦，而三男失序，故其義從家人、睽，而皆爲陰卦也。

遯、大壯義同臨、觀，何以爲陰盛之最也？

曰：除否不爲陰盛，則陰盛至於遯而極矣。夬、姤雖義同剥、復，而聖人不與一陰之爲主也，故以遯、壯爲極盛也。

「義同陽之屯、蒙」者，鼎、革也，而曰「家人、睽」，何也？

曰：三男有序，故爲陽中之陽；三女無序，故爲陰中之陰。蹇、解雖陽，而其義從之者，此也。

損、益、夬、姤、萃、升六卦爲一節，陰之次盛者也。

損、益義同咸、恒，亞於咸、恒者也。

夬、姤義同遯、壯，亞於遯、壯者也。

萃、升義同晉、明夷，亞於晉、明夷者也。

困、井、革、鼎、震、艮、漸、歸妹、豐、旅、巽、兑十二卦爲一節，陰之自衰而漸盛者也。

困、井陰陽雜而以序，與隨、蠱、噬嗑、賁爲類，陰中之陽也。

革、鼎雖陰卦，而亦以序，故次於困、井。

震、艮下篇之主，然本陽卦也，故次於革、鼎，並爲陰中之陽也。

漸、歸妹、豐、旅雜而失序，與困、井、鼎、革對。巽、兑下篇之主，而又陰卦也，與震、艮對。此六卦則陰又漸盛矣。

涣、節、中孚、小過、既濟、未濟六卦爲一節，陰之復盛者也。

漸、歸妹、豐、旅、涣、節皆陰陽雜居，少長淩節，其變至於涣、節而極。

中孚、小過者，頤、大過之反。小過之從中孚，如大過之從頤，又如蹇、解之從家人、睽也。

既濟、未濟與咸、恒、損、益爲類，既皆爲陰之盛，又未濟六爻失位，傳所謂「男之窮」者也，[一]然物不可窮也，故受之以未濟終焉。

[一]周易雜卦傳云：「未濟，男之窮也。」李光地云：「陽不得陰之助而窮，未濟之義也。」（周易觀彖卷十二雜卦傳）

陰陽交雜之變，何以極於渙、節也？

曰：漸、歸妹，隨、蠱之反也；豐、旅，噬嗑、賁之反也；渙、節，困、井之反也。隨、蠱，漸、歸妹，二長在焉；[二]噬嗑、賁，豐、旅，長男在焉；困、井，渙、節，長女在焉，先後之序固如此。

[二]「二長」，長男、長女也。周易說卦傳云：「震一索而得男，故謂之長男。巽一索而得女，故謂之長女。」李光地云：「陰、陽在初爻者，爲『一索』。」（周易觀彖卷十二說卦傳）隨兑上震下，長男在焉；蠱艮上巽下，長女在焉，故云「二長在焉」。後皆倣此。

又，乾、坤，既、未濟，爲篇終始，乃易之大義。何則？

乾坤定者，[一]天道恒常之經也；坎離交者，[二]人事變化之極也。人事窮則反於天道，相爲終始而無極。故曰：「乾坤毁，則無以見易。易不可見，則乾坤或幾乎息矣。」[三]

[一]「乾坤定」，謂乾、坤也。乾上乾下爲乾，坤上坤下爲坤。

[二]「坎離交」，謂既、未濟也。坎上離下爲既濟，離上坎下爲未濟。

[三]「乾坤」至「息矣」，周易繫辭上傳文。李光地云：「乾坤者，象之宗。天地設位，有不易之體，然後交易、變易之用行焉。非天地，則變化之迹不可見；非變化，則天地之道不幾於息乎？」（周易觀象卷十繫辭上傳）

4.15

論序卦三

案：繫辭傳陳九卦。自乾、坤至履十卦，自咸、恒至損、益亦十卦。咸、恒、損、益以二卦當一卦，下困、井、巽、兑亦然。自履至謙六卦，自損、益至困、井亦六卦。自謙至復十卦，自困、井至巽、兑亦十卦。自復至終篇七卦，[一]自巽、兑至終篇亦七卦。[二]

其節段與今所分者同。蓋此數卦者，皆當衰盛之交，正聖人所謂「有憂患」者。〔三〕而教人以反身修德，莫切於此也。

〔一〕此謂周易上經也。

〔二〕此謂周易下經也。

〔三〕周易繫辭下傳云：「作易者，其有憂患乎？」

然繫傳前去乾、咸，後去兑，故止於九卦。乾、咸，始也；兑，終也。終始者，天行也。所謂衰盛之交、憂患之地者，蓋其間變而未極之際，人事之可施者爾。是故舉其中間，「略天道而專人事」之意也。

4.16 論雜卦

「雜」者，何也？交互之謂也。卦之上、下分爲二體，不相雜也；以中四爻交而互之，則雜矣。

凡六十四卦，互乾、坤者八：乾、坤、剥、復、大過、頤、夬、姤。

互既、未濟者八：解、蹇、睽、家人、漸、歸妹、既、未濟。

互剥、復者八：比、師、臨、觀、屯、蒙、損、益。

互夬、姤者八：咸、恒、大壯、遯、大有、同人、革、鼎。

互漸、歸妹者八：大畜、无妄、萃、升、隨、蠱、否、泰。

互頤、大過者八：涣、節、小過、中孚、豐、旅、離、坎。

互蹇、解者八：震、艮、謙、豫、噬嗑、賁、晉、明夷。

互家人、睽者八：兑、巽、井、困、小畜、履、需、訟。

故以六十四卦互之，得乾、坤、既、未濟、剥、復、夬、姤、漸、歸妹、頤、大過、蹇、解、家人、睽。又以此十六卦互之，止得乾、坤、既、未濟而已。

其根本何也？

蓋邵子之詩曰：「四象相交，成十六事。八卦相盪，爲六十四。」〔二〕四象相重而四其四，則别爲四畫者十六矣。此十六事者，即六十四卦之中畫互成十六卦者也。十六事又生於四象，則四象者，又即乾、坤、既、未濟之具體而微者也。

〔一〕「四象」至「十四」，出自邵雍大易吟，見錢義方周易圖説卷下邵子六十四卦方圖。

乾、坤者，陰陽正氣之純；坎、離者，陰陽中氣之交；既、未濟者，交中之交也。乾、坤、既、未濟，統乎天地、萬物之理矣。故序卦首乾、坤，中坎、離，終既、未濟。雜卦交互歸於乾、坤、既、未濟，而亦以乾、坤始，以既、未濟終焉。

4.17 論雜卦之義

凡互卦十六，以乾、坤、既、未濟爲綱，餘十二卦爲用。十二卦者，有天道之消息盈虛，有人事之善惡當否，然其定理則歸於乾、坤，其變動則歸於既、未濟而已。

剥、復陰極陽生，陽之始也。

夬、姤陽極陰生，陰之始也。

漸、歸妹陰、陽卦合，合者交泰之象，陽之中也。

頤、大過陰、陽卦判，判者不交之象，陰之中也。

蹇、解二陽之卦，〔一〕陽之終也。

〔一〕「二」，陳本同，榕村本誤作「三」。

家人、睽二陰之卦，〔二〕陰之終也。

〔二〕「二」原作「三」，榕村本、陳本誤同，今改。

陽六卦皆主震、艮，始則交於坤，母孕男也；中交於巽、兑，求其耦也；終交於坎，從其類也。陰六卦皆主巽、兑，始則交於乾，父生女也；中交於震、艮，求其耦也；終交於離，從其類也。

探本，則陰陽互根，而父母孕毓之理明；致用，則男女相求，而夫婦昏姻之道正；辨物，則以類相從，而兄弟、朋友、君臣之義備矣。

剥、復、夬、姤，以天道爲人事之端；漸、歸妹、頤、大過、蹇、解、家人、睽，以人事爲天行之應。

剥而復，則陽用事，其既也必交於陰。循序而禮合者，漸也；逆節而情動者，歸妹也。其究也，有蹇、有解。此治外者之得失，國之治亂之所生也。

夬而姤，則陰用事，其既也必交於陽。役於陽而致養者，頤也；抗於陽而相薄者，過也。〔二〕其究也，有家人、有睽。此治内者之得失，家之治亂之所由也。

〔二〕「過」，謂大過也。

陽之道始於性之正，故乾、坤統焉；陰之道極於情之交，故既、未濟統焉，此雜卦之義也。

4.18 論十二卦之變

剥、復，陽之始也。漸、歸妹，陽中之陰也。蹇、解，陽中之陽也。夬、姤，陰之始也。頤、大過，陰中之陽也。家人、睽，陰中之陰也。陽之變，則始於陽中之陰；陰之變，則始於陰中之陰。何則？正者，天道也，陽也；變者，人事也，陰也。語天道，故始於剥、復、夬、姤；語人事，故始於漸、歸妹、家人、睽。

漸、歸妹，以禮之治亂言也；家人、睽，以情之離合言也。

漸「女歸吉」，[一]及其窮也，「説以動，所歸妹也」；[二]家人「交相愛」，[三]及其窮也，「二女同居，其志不同行」。[四]是故福之興、道之衰，無不由於壼内者。[五]其在詩曰：「刑于寡妻，至于兄弟，以御于家邦。」[六]又曰：「亂匪降自天，生自婦人。」[七]此詩人所以歌詠文、武、幽、厲盛衰之際也。

[一]周易漸卦辭云：「女歸吉，利貞。」彖辭云：「漸之進也，『女歸吉』也。」

[二]「説以」至「妹也」，周易歸妹彖辭文。

[三]周易家人九五象辭云：「『王假有家』，交相愛也。」

[四]「二女」至「同行」，周易睽彖辭文。

[五]漢書卷八十一匡衡傳載匡氏上元帝疏云：「福之興，莫不本乎室家；道之衰，莫不始乎梱内。」乃李光地此言所本。彼文顔師古注云：「『梱』，與『閫』同，謂門橛也，音苦本反。」又，毛詩大雅既醉云：「其類維何？室家之壼。」鄭玄箋云：「『壼』之言『梱』也。其與女之族類云何乎？室家先以相梱致，已乃及於天下。」陸德明釋文云：「壼，苦本反，鄭『梱致』也。梱，苦本反。」（毛詩正義卷十七之二）是「壼」爲「梱」之假借字，「梱」、「閫」字同。此云「壼内」，意即「閫内」，謂室家之内也。

〔六〕「刑于」至「家邦」，毛詩大雅思齊文。

〔七〕「亂匪」至「婦人」，毛詩大雅瞻卬文。

陰陽殺命於天地之閒，綱紀、人倫無非是者，然其本則造端於夫婦。牀簀之閒，天命行焉；邪正之隙，鬼神伺焉。謹獨者先之於此，夫然後父子、君臣之倫有所敘，禮義有所錯。教化以是興，風俗以是成，天地、萬物以是而和且平也。此十二卦之變始於漸、歸妹、家人、睽之意。

4.19

論雜卦有不取互義者

乾之互則乾也，坤之互則坤也。此二卦者不論，其餘則乾坤交爲否、泰，乃易之本也；坎離交爲既、未濟，乃易之用也。艮、震、兑、巽，三畫之消息也；剥、復、夬、姤，六畫之消息也。此十二卦者，不取互體，而仍其本義，又所以紀綱乎諸卦也。

是故易之陽卦根於剥、復矣，易之陰卦根於夬、姤矣。剥、復根於艮、震矣，夬、姤根於兑、巽矣。艮、震、兑、巽猶之既濟、未濟也，既濟、未濟猶之否、泰也。陰陽法水火，水火法天地。故寒暑、晝夜者，與日月往來者也；明魄、死生者，象天地合判者也。明乎十二卦之義，易之所以爲易，其斯而已者也。

4.20 論雜卦正變之序

陽正卦之序統以乾、坤，故首乾、坤。始於剥、復，故比、師、臨、觀、屯、蒙、損、益皆互剥、復者也。剥、復象艮、震，故敘艮、震；以其在下經也，故敘於比、師、臨、觀、屯、蒙之後，損、益之前也。中於漸、歸妹，故大畜、无妄、萃、升皆互漸、歸妹者也。終於蹇、解，故謙、豫、噬嗑、賁皆互蹇、解者也。陽變卦始於漸、歸妹，故隨、蠱互漸、歸妹者也。中於剥、復，故次剥、復也。

終於蹇、解，故晉、明夷互蹇、解者也。

變卦首以兑、巽者，變卦陽中之陰，而兑、巽爲陰生也。

凡陽卦二十八，先正而後變。

陰變卦始於家人、睽，故井、困互家人、睽者也。

中於夬、姤，故咸、恒互夬、姤者也。

終於頤、大過，故涣、節互頤者也。

統以既、未濟，故解、蹇、睽、家人皆互既、未濟；既、未濟又象否、泰，故次否、泰也。

陰正卦始於夬、姤，故大壯、遯、大有、同人、革、鼎皆互夬、姤者也。

中於頤、大過，故小過、中孚、豐、旅、離、坎皆互頤、大過者也。

終於家人、睽，故小畜、履、需、訟皆互家人、睽者也。

凡陰卦亦二十八，先變而後正。

統於乾、坤者，以乾、坤首之，而又在正卦之首；統於既、未濟者，以既、未濟終之，而又在變卦之終。

陽之先正後變，陰之先變後正，何也？

曰：剥、復、夬、姤者，天也；漸、歸妹、家人、睽者，人也。天先而人後之爲正，人先而天後之爲變。治始於天，終於人；亂始於人，終於天。陽卦者，治之運也，故先正而後變；陰卦者，亂之運也，故先變而後正。

生生之理，無往不復，非其始於天者乎？順之而人紀修，則中和達焉；[一]拂之而彝倫斁，[二]則乖厲生焉，是終於人也。

[一] 禮記中庸云：「喜怒哀樂之未發謂之中，發而皆中節謂之和。」孔穎達疏云：「言喜怒哀樂緣事而生，未發之時，澹然虛静，心無所慮而當於理，故『謂之中』。不能寂静而有喜怒哀樂之情，雖復動發，皆中節限，猶如鹽、梅相得，性、行和諧，故云『謂之和』。」（禮記正義卷五十二）「達」，通也。

〔二〕尚書洪範載箕子云：「鯀堙洪水，汩陳其五行，彝倫攸斁。」「彝倫攸斁」，謂常理所以敗也。「彝」，常也。「倫」，理也。「攸」，所也。「斁」，敗也。

欲動情勝，利害相攻，非其始於人者乎？積之而逆氣應，則人失恒常之理；久之而害氣究，則人有悔禍之心，是終於天也。

易之所以作者，後天以奉時，而先天以禦亂。治既開矣，必修其人事而不敢恃天也，以人能召亂故也；亂將及矣，必修其人事以祈天也，以天不忘治故也。易於剥、復之際，一則曰「天行」，再則曰「天行」。〔一〕然而「咸臨」之「吉」，則「未順命」；〔二〕「九五『含章』」，則「志不舍命」也。〔三〕天命、人謀，相爲勝負、終始。文中子所謂「業業孳孳，畏天閔人，思及時而動」者，〔四〕此也。錯綜雜卦之義，其寓意不亦深乎？

〔一〕周易剥彖辭云：「君子尚消息盈虚，天行也。」復彖辭云：「『反復其道，七日來復』，天行也。」

〔二〕周易臨九二爻辭云：「咸臨，吉，无不利。」象辭云：「『咸臨，吉，无不利』，未順命也。」

李光地云：「君子道長，天之命也。然命不於常，君子處此，惟知持盈若虛，則順道而非順命矣。凡天之命，消長焉而已。方其長也，則不順命、不受命，知盈不可久而進不可恃也。及其消也，則志不舍命，知物不可窮而往之必復也。易之大義，盡在於斯。」（周易折中卷九象上傳臨）

〔三〕周易姤九五爻辭云：「含章，有隕自天。」象辭云：「九五『含章』，中正也。『有隕自天』，志不舍命也。」李光地云：「言我雖含章，而其修德俟命，無時不以回天爲至也。」（周易觀象卷七下經二姤）又云：「雖天命之必然，亦由君子積誠修德，與之符會，故曰『志不舍命』。」（周易折中卷十二象下傳姤）

〔四〕王通云：「業業焉，孜孜焉，其畏天閔人，思及時而動乎？」阮逸注云：「業業畏天，孜孜閔人，易者，天人以時而動也。」（中說卷四周公篇）

4.21 論環互之例

互卦者，不止中四爻互而已，雖循環互之，以一卦變爲六卦，然互六十四卦之所得，仍是十六卦也。

今以大過見例，則自初至四爲姤，自上至三爲漸，自五至二爲頤，自四至初爲歸妹，自三至上爲夬，自二至五則復爲乾矣。其法自初卻行互之，以終於中四爻。凡卦皆然，獨舉大過者，大過中四爻互乾，其位最得者也。循環互之，而始於姤，終於乾，其義最精者也。故大過者，主卦也；姤、漸、頤、歸妹、夬者，所互之卦也。既、未濟者，以義附之，爲雜卦終篇，同乎序卦者也。不終於乾者，乾居篇首，夬盡則乾矣，首尾相生之義也。

獨陽不生，故陽過則顛，不與陰遇不可也。〔一〕男女、飲食，皆陰也，交而有禮焉，養而有道焉，則爲漸之女歸、頤之養正，而陽得陰之助矣，故繼之曰「既濟，定也」。〔二〕無禮而説動，則爲歸妹之終，而陽不得陰之助矣，故繼之曰「男之窮」也。〔三〕於是無以決之，則陰道長，陽道消矣。〔四〕

〔一〕周易雜卦傳云：「大過，顛也。姤，遇也，柔遇剛也。」

〔二〕周易雜卦傳云：「漸，女歸待男行也。頤，養正也。既濟，定也。」

〔三〕周易雜卦傳云：「歸妹，女之終也。未濟，男之窮也。」

〔四〕周易雜卦傳云：「夬，決也，剛決柔也。君子道長，小人道憂也。」

惟其終於夬而乾也，故有以勝陰邪而立陽道，此一經之大義也。是故經之義，其陰陽相需者，皆姤、漸、頤之類也；其抑陰扶陽者，皆歸妹、夬之類也。其交而正，以歸於陽道者，皆既濟類也；其不交，或交而不正，以歸於陰道者，皆未濟類也。

尊陽而慮其亢，用陰而坊其疑，必也。始而潔齊於巽陰之伏，終而戰勝於乾德之剛者，皆大過互卦始姤、終乾之類也。

雜卦一篇，天人之義備矣。而於此尤特切指昏姻人倫之道，深著興衰理亂之由，一以舉每卦環互之凡，一以括六十四卦錯綜之指，蓋先聖之微言存焉。

參考文獻

一、經部著作

京氏易傳，漢京房撰，吴陸績注，四部叢刊（初編）影印明范欽校刻范氏二十一種奇書本

周易正義，魏王弼、晉韓康伯注，唐孔穎達等正義，影印清阮元校刻十三經注疏本，中華書局，一九八〇年

周易集解，唐李鼎祚撰，北京圖書館古籍珍本叢刊影印明嘉靖三十六年（一五五七）朱睦㮮聚樂堂刻本，書目文獻出版社，一九九八年

周易集解，唐李鼎祚撰，王豐先點校，中華書局，二〇一六年

周易口義，宋胡瑗撰，景印文淵閣四庫全書本，臺灣商務印書館，一九八六年

伊川易傳，宋程頤撰，中華再造善本叢書影印中國國家圖書館藏元刻本，北京圖書館出版社，二〇〇四年（十卷本）

易程傳，宋程頤撰，清光緒十年（一八八四）遵義黎庶昌古逸叢書影刊覆元至正本（六卷本）

東坡易傳，宋蘇軾撰，景印文淵閣四庫全書本，臺灣商務印書館，一九八六年

漢上易傳，宋朱震撰，四部叢刊續編影印北平圖書館藏宋刻本（闕卷以汲古閣影宋鈔本配補）

易翼傳，宋鄭汝諧撰，美國哈佛大學燕京圖書館藏清康熙十九年（一六八〇）通志堂經解刻本

周易玩辭，宋項安世撰，美國哈佛大學燕京圖書館藏清康熙十九年（一六八〇）通志堂經解刻本

周易本義，宋朱熹撰，中華再造善本叢書影印中國國家圖書館藏宋咸淳元年（一二六五）九江吴革刻本，北京圖書館出版社，二〇〇三年（十二卷本）

原本周易本義，宋朱熹撰，景印文淵閣四庫全書本，臺灣商務印書館，一九八六年（十二卷本）

別本周易本義，宋朱熹撰，景印文淵閣四庫全書本，臺灣商務印書館，一九八六年（四卷本）

厚齋易學，宋馮椅撰，景印文淵閣四庫全書本，臺灣商務印書館，一九八六年

大易粹言，宋方聞一撰，景印文淵閣四庫全書本，臺灣商務印書館，一九八六年

童溪易傳，宋王宗傳撰，中華再造善本叢書影印中國國家圖書館藏宋開禧元年（一二〇五）建

安劉日新宅三桂堂刻本，北京圖書館出版社，二〇〇二年

周易本義通釋，元胡炳文撰，美國哈佛大學燕京圖書館藏清康熙十九年（一六八〇）通志堂經解刻本

周易圖説，元錢義方撰，景印文淵閣四庫全書本，臺灣商務印書館，一九八六年

易經蒙引，明蔡清撰，景印文淵閣四庫全書本，臺灣商務印書館，一九八六年

周易消息，清紀磊撰，叢書集成續編影印吴興劉氏嘉業堂刻吴興叢書本，新文豐出版公司，一九八八年

周易觀彖，清李光地撰，景印文淵閣四庫全書本，臺灣商務印書館，一九八六年

周易觀彖校箋，清李光地撰，梅軍校箋，中華書局，二〇二一年

周易折中，清李光地撰，美國哈佛大學燕京圖書館藏清康熙五十四年（一七一五）武英殿刻本

易翼述信，清王又樸撰，景印文淵閣四庫全書本，臺灣商務印書館，一九八六年

尚書正義，漢孔安國傳，唐孔穎達等正義，影印清阮元校刻十三經注疏本，中華書局，一九八〇年

毛詩正義，漢毛亨傳，鄭玄箋，唐孔穎達等正義，影印清阮元校刻十三經注疏本，中華書局，

一九八〇年

周禮注疏，漢鄭玄注，唐賈公彥疏，影印清阮元校刻十三經注疏本，中華書局，一九八〇年

儀禮正義，漢鄭玄注，唐賈公彥疏，影印清阮元校刻十三經注疏本，中華書局，一九八〇年

禮記正義，漢鄭玄注，唐孔穎達等正義，影印清阮元校刻十三經注疏本，中華書局，一九八〇年

春秋左傳正義，晉杜預注，唐孔穎達等正義，影印清阮元校刻十三經注疏本，中華書局，一九八〇年

論語注疏，魏何晏等注，宋邢昺疏，影印清阮元校刻十三經注疏本，中華書局，一九八〇年

論語集注，宋朱熹撰，中華再造善本叢書影印中國國家圖書館藏宋嘉定十年（一二一七）當塗郡齋刻、嘉熙淳祐遞修本，北京圖書館出版社，二〇〇三年

爾雅注疏，晉郭璞注，宋邢昺疏，影印清阮元校刻十三經注疏本，中華書局，一九八〇年

經典釋文，唐陸德明撰，影印北京圖書館藏宋刻宋元遞修本，上海古籍出版社，一九八五年

經典釋文，唐陸德明撰，影印清通志堂經解本，中華書局，一九八三年

經典釋文彙校，黃焯撰，中華書局，一九八〇年

宋本説文解字，漢許慎撰，宋徐鉉校定，續古逸叢書影印日本岩崎氏靜嘉堂藏本，商務印書館，一九二二年

説文解字，漢許慎撰，宋徐鉉校定，影印清同治十二年（一八七三）番禺陳昌治刻本，中華書局，一九六三年

説文解字注，漢許慎撰，清段玉裁注，影印清嘉慶二十年（一八一五）金壇段氏經韵樓刻本，上海古籍出版社，一九八八年

二、史部著作

史記，漢司馬遷撰，南朝宋裴駰集解，唐司馬貞索隱，張守節正義，中華書局，一九八二年

漢書，漢班固撰，唐顔師古注，中華書局，一九六二年

後漢書，宋范曄撰，唐李賢等注，中華書局，一九六五年

國語，吴韋昭注，中華再造善本叢書影印中國國家圖書館藏宋刻宋元遞修本，北京圖書館出版社，二〇〇六年

三、子部著作

太玄，漢揚雄撰，晉范望注，四部叢刊（初編）影印明萬玉堂翻宋本

中説，隋王通撰，宋阮逸注，中華再造善本叢書影印中國國家圖書館藏宋刻本，北京圖書館出版社，二〇〇三年

皇極經世書，宋邵雍撰，景印文淵閣四庫全書本，臺灣商務印書館，一九八六年

張子正蒙，宋張載撰，朱熹注解，叢書集成三編影印中華書局聚珍仿宋版本，新文豐出版公司，一九九七年

注解正蒙，宋張載撰，清李光地注解，清道光九年（一八二九）李維迪刻榕村全書本

近思録集解，宋朱熹、吕祖謙編，宋葉采集解，中華再造善本叢書影印中國國家圖書館藏元刻明修本，北京圖書館出版社，二〇〇六年

二程遺書，宋程顥、程頤撰，景印文淵閣四庫全書本，臺灣商務印書館，一九八六年

二程粹言，宋程顥、程頤撰，宋楊時編，景印文淵閣四庫全書本，臺灣商務印書館，一九八六年

朱子語類，宋黎靖德編，王星賢點校，中華書局，一九八五年

黄氏日抄，宋黄震撰，中華再造善本叢書影印上海圖書館藏元後至元三年（一三三七）刻本，北京圖書館出版社，二〇〇五年
性理大全書，明胡廣撰，景印文淵閣四庫全書本，臺灣商務印書館，一九八六年
榕村集，清李光地撰，景印文淵閣四庫全書本，臺灣商務印書館，一九八六年

四、集部著作

昌黎先生文集，唐韓愈撰，宋朱熹考異，宋王伯大音釋，四部叢刊（初編）影印上海涵芬樓藏元刻本
元公周先生濂溪集，宋周敦頤撰，中華再造善本叢書影印中國國家圖書館藏宋刻本，北京圖書館出版社，二〇〇三年
嵩山文集，宋晁説之撰，四部叢刊續編影印舊鈔本
晦庵先生文集，宋朱熹撰，中華再造善本叢書影印中國國家圖書館藏宋刻本，北京圖書館出版社，二〇〇四年

晦庵集，宋朱熹撰，景印文淵閣四庫全書本，臺灣商務印書館，一九八六年
東萊集，宋吕祖謙撰，民國十三年（一九二四）永康胡宗楙輯刻續金華叢書本
宋文鑒，宋吕祖謙編，景印文淵閣四庫全書本，臺灣商務印書館，一九八六年